SENS ET ENJEUX
D'UN CONFLIT TEXTUEL

ISSN 0575-0741

CAHIERS DE LA REVUE BIBLIQUE

44

SENS ET ENJEUX D'UN CONFLIT TEXTUEL

Le texte occidental et le texte alexandrin des Actes des Apôtres

par

Paul TAVARDON
Docteur ès-lettres

Préface de M.-É. BOISMARD O.P.

PARIS
J. GABALDA et Cie **Éditeurs**
Rue Pierre et Marie Curie, 18
—
1999

ISBN : 2-85021-115-X
ISSN : 0575-0741

Au R.P. M.-É. Boismard
Hommage et reconnaissance.

PRÉFACE

Il y a quinze ans, A. Lamouille et moi-même avons publié deux volumes dans lesquels nous avons tenté de reconstituer et de réhabiliter le texte occidental des Actes des apôtres. Dans un premier volume, paru il y a deux ans, Paul Tavardon a justifié notre position en montrant, à partir des doublets contenus dans les Actes, que le texte alexandrin apparaissait le plus souvent comme une amélioration du texte occidental, lequel lui était donc antérieur. Le nouveau volume qu'il nous donne aujourd'hui se situe dans une perspective analogue : essayer de préciser l'antériorité ou la postériorité du texte occidental par rapport au texte alexandrin. Il explique fort bien sa démarche en ces termes : « Il s'agit d'une question d'ordre épistémologique. Comment rendre compte de manière simple et rationnelle de l'ensemble du catalogue de variantes qu'offre le livre des Actes ? Deux modèles d'interprétation sont en présence. L'un se fonde sur un seul archétype-origine : le texte alexandrin. L'autre propose un modèle à deux archétypes-origines : le texte occidental et le texte alexandrin. Notre étude a consisté à placer les deux modèles *"en tension"* afin de tester leur capacité à rendre compte des phénomènes» (p. 70). On voit tout de suite que les variantes vont prendre une signification fort différente selon l'un ou l'autre modèle d'interprétation. Si l'on admet un seul archétype-origine, le texte alexandrin, les variantes sont toutes le résultat d'un travail de "copistes" ou de "correcteurs". Elles sont toutes postérieures au texte alexandrin. Avec le modèle à deux archétypes-origines, il faut distinguer variantes simplement textuelles et variantes littéraires. Celles-ci naissent d'un travail de "rédacteur" qui refond son texte en profondeur et en totalité. «Le "rédacteur" utilise le premier archétype : le texte occidental et lui fait subir des transformations qui semblent dictées par des principes stylistiques, sans vouloir totalement évincer des éléments de sensibilités théologiques qui sont à déterminer pour chacun des cas. Par ce travail sur le texte occidental est né le texte alexandrin. C'est de ces deux archétypes que dérivent toutes les traditions du texte des Actes». Il s'ensuit une appréciation différente de la nature même des variantes. Ce qui, dans le modèle à une seule origine, pouvait être considéré comme des additions ou des omissions, deviendra au contraire omissions ou additions dans le modèle à deux archétypes-origines. En s'appuyant sur ces principes, Paul Tavardon peut montrer que seul le modèle à deux archétypes-origines peut justifier le nombre exceptionnel de variantes qui existent entre texte occidental et texte alexandrin.

Mais une question demeure : quels sont les meilleurs représentants du texte occidental? Est-ce le codex de Bèze, comme on le suppose souvent? Pour le préciser, Paul Tavardon a entrepris une étude minutieuse des trois principaux témoins reconnus du texte occidental : le codex de Bèze, le palimpseste latin de Fleury et le codex copte Glasier 67. Tous ont été plus ou moins contaminés par le texte alexandrin, mais le palimpseste de Fleury dans une mesure nettement moindre que le codex de Bèze, et celui-ci dans une mesure moindre que le codex copte. Finalement le codex de Bèze doit être considéré comme un témoin médiocre du texte occidental et ce n'est pas sur son seul témoignage que l'on peut effectuer une comparaison fructueuse entre les traditions occidentales et alexandrines. Pour rendre possible cette comparaison entre les trois témoins principaux du texte occidental, Paul Tavardon a eu la patience de composer quatre tableaux, qui correspondent aux quatre sections des Actes où nos trois témoins principaux, tous lacuneux, se recoupent. Chaque tableau donne la liste complète de toutes les variantes du texte occidental tel qu'il fut reconstitué par Boismard-Lamouille, en indiquant dans quelle mesure elles sont attestées par l'un ou l'autre de nos trois témoins principaux : le codex de Bèze, le palimpseste de Fleury et le codex Glasier. Un certain nombre d'auteurs nous ont reproché d'avoir reconstitué "notre" texte occidental des Actes à partir de témoins trop disparates. Les tableaux composés par Paul Tavardon permettent de faire le tri entre variantes à peu près certaines et variantes effectivement douteuses. Les plus exigeants pourront ne retenir que les variantes attestées par au moins un des trois témoins reconnus du texte occidental.

Je suis heureux de présenter au public ce second volume composé par Paul Tavardon. Il constitue un apport nouveau et important dans le débat concernant la valeur du texte occidental des Actes et ses rapports avec le texte alexandrin. Toute étude sérieuse abordant ces problèmes devra en tenir compte.

M.-É. Boismard, O.P.

INTRODUCTION

Nous avions consacré une étude aux *doublets* des quinze premiers chapitres du livre des *Actes des Apôtres*[1]. Le *texte alexandrin* apparaissait comme le résultat d'un effort stylistique tendant à
l'amélioration d'un document antérieur : le *texte occidental*. Cette ap-
proche confirmait les travaux de M.-É. Boismard et A. Lamouille. La
lecture d'une centaine d'articles et de plusieurs ouvrages consacrés à ce
problème complexe de la critique textuelle[2] nous laissait toujours l'im-
pression qu'il était nécessaire, avant toute analyse particulière, de poser
des questions d'ordre plus général concernant la méthode et l'épistémologie de la critique textuelle.

Pouvait-on continuer à parler du *Codex Bezae* sans le situer avec
précision dans un modèle d'interprétation qui le relie aux autres témoins
de la tradition occidentale ? Pouvait-on parler du *Codex Bezae* sans
parler du *Codex de Fleury* et du *Codex Glazier ?* Pouvait-on, à des fins
théologiques, utiliser telle ou telle variante, sans qu'au préalable, la situation et la filiation des textes ait été définie dans l'histoire générale du
texte occidental ?

Une remarque judicieuse de M.-É. Boismard dans son Introduction au *"Texte Occidental des Actes des Apôtres"* ouvrait la voie à une
réflexion d'ensemble. M.-É. Boismard se référant à l'ouvrage monu-
mental de J.H. Ropes[3], décidait d'étendre autant que possible le champ
des témoins du *texte occidental* : *"nous avons remué une masse énorme*

---

[1] TAVARDON P., *Doublets et variantes de structure.*

[2] Nous donnons en fin d'ouvrage l'ensemble de la bibliographie utilisée.

[3] ROPES J.H., *Acts of the Apostles.*

de matériaux et, croyons-nous, ce ne fut pas en vain"[4]. Et l'auteur d'ajouter : "Sur notre lancée, nous avons tenté une expérience qui transcende le problème de la différence entre texte alexandrin et texte occidental. En interrogeant nombre de témoins mineurs du texte des Actes(...) nous avons attiré l'attention sur un très grand nombre de "leçons courtes" que nous avons attribuées au texte occidental"[5]. Nous fûmes vite convaincus que la méthode de M.-É. Boismard transcendait la simple question du texte occidental des Actes. C'est une question touchant à la méthodologie de la critique textuelle dans sa relation à la critique littéraire qui nous était posée. Le travail de M.-É. Boismard et A. Lamouille se développait tout entier dans un autre modèle d'interprétation. Ce n'était plus telle ou telle variante du Codex Bezae (ou de tel autre codex) qui importait, mais la théorie générale qui conditionnait l'ensemble de l'interprétation.

Cet autre modèle d'interprétation dont nous parlons ne se bornait pas à la question de l'antériorité ou de la postériorité d'un texte. Il avait incidence sur toute l'analyse critique. Il fallait revoir la notion de variante, sa relation à un référent, à savoir son signe, la signification concrète de ce signe, il fallait s'arrêter sur la notion de révision, enfin il fallait revenir sur certains principes de critique textuelle. Il nous semblait de plus en plus que la question de l'antériorité ou de la postériorité du texte occidental apparaissaient comme la conséquence d'un choix entre deux modèles critiques. Tout cela devait se concrétiser avec la lecture raisonnée du catalogue, le Tome II de l'étude de M.É. Boismard et A. Lamouille : L'apparat critique[6].

Il fallait en revenir aux principes mêmes de l'analyse critique. C'est dans cet esprit que nous avons rouvert l'ouvrage fondamental du Père M.-J. Lagrange sur la critique textuelle[7], et relu l'article paru deux ans avant dans la Revue Biblique de 1933 : Projet de critique textuelle rationnelle du N.T[8].

Dans son ouvrage consacré à la critique textuelle du Nouveau Testament, M.-J. Lagrange trace les grandes lignes de sa méthode d'analyse des textes. La science biblique a bien entendu renouvelé son matériel de travail, mais nous nous intéressions aux principes de bases et à leur technicité. Comment définir une variante ? Selon quels principes se transmet-elle ?

---

[4] .BOISMARD M.-É. et LAMOUILLE A., Texte occidental, I, p. 9.
[5] Ibid.
[6] BOISMARD M.-É. et LAMOUILLE A., Texte occidental, II.
[7] LAGRANGE M.-J., Critique textuelle II.
[8] LAGRANGE M.-J., Projet.

Au fur et à mesure de notre lecture nous comprenions que l'exposé scientifique de l'auteur repose tout entier sur une hypothèse majeure, hypothèse qui n'est d'ailleurs même pas défendue, tant elle semble évidente de par elle-même, à lui et à tant d'autres. Pour le dire en une phrase : le modèle de M.-J. Lagrange comme de nombreux critiques actuel, est un modèle à un seul archétype-origine. Ce sont les principes de l'évolution textuelle de cet archétype-origine que l'on entreprend de décrire.

L'auteur appuie son raisonnement sur le principe des *"recensions successives"*. Cette notion de *recension* joue un rôle si important dans sa pensée que nous nous proposons d'y revenir afin de mieux dégager les *a priori* de son modèle critique. L'auteur pose à juste titre le principe fondamental de toute critique textuelle : celui de la distinction entre variantes *"volontaires"* et variantes *"involontaires"*. Il lui faut justifier les *"variantes volontaires"* et pour ce, il va devoir dégager : *"les causes qui ont amené le copiste, plus ou moins soumis à une direction générale, à changer le texte... Comment une excellente intention le fera-t-elle sortir de la véritable voie critique ?"*[9]

On remarque d'emblée qu'il s'en tient et s'en tiendra toujours à la question du *"copiste"*. Pour lui comme pour beaucoup, l'évolution littéraire du texte est parfaitement close quand commence le processus d'évolution textuelle de cet unique archétype. C'est de cette évolution, dont il va parler. Pour lui, *l'intentionnel* se situe résolument et massivement au sein de cette évolution textuelle. Quand il en vient à traiter du livre des Actes : il existe pour lui un seul texte des Actes des Apôtres, le *texte alexandrin*. C'est ce texte, soumis au travail des *copistes*, qui a donné tous les cas de figures qui nous sont parvenus ; la tradition occidentale est le résultat du travail des scribes, des *copistes*, des *réviseurs* du texte alexandrin.

Le modèle que nous appelons : modèle à un archétype-origine, doit rendre compte de la totalité de l'intentionnel par la seule évolution textuelle, c'est là que réside toute sa difficulté. En revanche, le modèle que nous propose M.-É. Boismard, est un modèle à deux archétypes-origines D'un modèle à l'autre, il y a bien plus qu'une simple question de mot (et même de temps, antérieur, postérieur). On ne peut fonctionner scientifiquement dans un modèle avec les principes de l'autre. Le modèle à deux archétypes-origines (TO-TA dans le cas particulier des Actes car les Actes ne sont qu'un cas particulier de la théorie générale) introduit une véritable *révolution copernicienne* au sein des règles de la critique textuelle. Cela ne nous semble pas avoir été suffisamment mis

---

9 LAGRANGE M.-J., *Critique textuelle*, p. 33.

en valeur jusqu'à aujourd'hui. Qui plus est, la lecture raisonnée de *"l'Apparat critique"* du texte des Actes de M.-É. Boismard est tout entière conditionnée, en général et dans ses moindres détails, par cette *révolution* des archétypes. Les différences sont irréductibles.

C'est sur ces bases que nous avons entrepris de rédiger cette étude sur les *Sens et enjeux d'un conflit textuel*.

LES ÉLÉMENTS EN QUESTION

D'UN ARCHÉTYPE-ORIGINE À PLUSIEURS ARCHÉTYPES-ORIGINES : DIFFÉRENCES ÉPISTÉMOLOGIQUES

Soit un document donné que nous nommons D. Si nous considérons son évolution littéraire, nous pouvons admettre qu'il prendra successivement les formes D^1, D^2, D^3, ... D^{n-1}, D^n. Cette série exprime la série des documents successifs aboutissant au dernier document D^n (l'avant dernier étant D^{n-1}). Dans le cas particulier des Actes : TO = D^{n-1} et TA = D^n. La critique textuelle fondée sur le modèle à un seul archétype-origine, commence avec l'évolution textuelle du dernier document : D^n. Tout se passe pour elle, comme s'il ne restait aucune trace d'unités antérieures précédant l'ultime rédaction.

Le modèle à plusieurs archétypes-origines pose quant à lui, comme principe, que chacun des états de l'évolution littéraire peut très bien constituer un archétype particulier entrant dans son propre devenir textuel. Au lieu de considérer la seule évolution textuelle de D^n, il faudrait considérer comme *possibles*, les évolutions textuelles de D^1, D^2, D^3... D^{n-1} et D^n. Nous parlons dans l'absolu, dans le cadre des connaissances actuelles qui concernent le livre des Actes ; nous estimons que seul l'avant dernier document : D^{n-1} (le *texte occidental*), et le dernier D^n (le *texte alexandrin*) : sont entrés chacun dans une évolution textuelle propre.

Cette hypothèse se justifie fort bien. On comprendra que l'écart littéraire des documents va s'amenuisant. Plus le texte progresse dans sa construction interne, plus le nombre des corrections diverses va diminuant. Ceci est très net quand on analyse la théorie littéraire des Actes telle que l'expose M.-É. Boismard[10]. Si la différence entre le document P et Actes I est importante, cette différence s'atténue entre Actes I et Actes II(TO) et bien plus encore entre Actes II(TO) et Actes III(TA). On comprend qu'Actes II ait pu être recopié et répandu dans les églises, avant même qu'il ne soit refondu en Actes III(TA).

Un ensemble de *corrections littéraires* va distinguer D^{n-1} de D^n. Ce sont des variantes littéraires et non textuelles (elles n'appartiennent pas à l'histoire du texte). Un *rédacteur* a corrigé et refondu le document D^{n-1} (TO) pour en faire D^n (TA). Il a créé un document nouveau dans le but de le substituer à l'ancien. D^n doit remplacer D^{n-1}, le TA devra remplacer le TO. C'est la critique littéraire qui mettra en évidence les principes de cette transformation. Des éléments théologiques et stylistiques interviennent ; nous sommes là devant un travail purement intentionnel. En revanche, quand le *texte occidental* est recopié comme le sera plus tard le *texte alexandrin*, c'est l'histoire du texte qui commence.

Dans le modèle à deux archétypes, les deux derniers documents sont entrés dans une évolution textuelle, c'est à dire qu'ils ont été l'objet du travail non plus d'un *rédacteur*, mais d'un *copiste*, d'un, puis de plusieurs. Chacun est le commencement d'une série de transmissions des textes. C'est ainsi que se combinent l'évolution littéraire et l'évolution textuelle que nous distinguons avec soin, tant dans l'intention, que dans le temps.

Chacune de ces séries sera l'objet d'erreurs et même de corrections volontaires. L'on comprend déjà que la part d'intentionnel sera bien moins grande dans l'évolution textuelle dont la finalité est une simple reproduction que dans l'évolution littéraire dont la finalité reste la création d'un document nouveau, l'un devant se substituer à l'autre. Ces erreurs ou ces corrections volontaires constituent les variantes textuelles. Cette première distinction entre variantes littéraires et variantes textuelles est capitale dans la distinction des deux modèles critiques.

Dans le modèle à un seul archétype-origine, D^n (TA), le *texte alexandrin*, entre seul dans une évolution textuelle. Il n'y a donc pas de variantes littéraires et l'ensemble des variantes est purement textuel. Dans le modèle à deux archétypes-origines, D^{n-1} (TO) et D^n (TA) se distinguent par un ensemble de variantes littéraires et chaque évolution textuelle génère son propre ensemble de variantes : les variantes textuelles. Il nous faut maintenant entrer plus à fond dans les implications de cette distinction.

---

10 BOISMARD M.-É. et LAMOUILLE A., *Les Actes des deux Apôtres*.

VARIANTES TEXTUELLES ET VARIANTES LITTÉRAIRES

Dans quelles conditions peut-on parler de variantes littéraires? Comment détecter l'existence de telles variantes et comment conclure à la dualité des archétypes? Cette question constitue la question réelle de la problématique du *texte occidental* des Actes. C'est, à notre avis, sous cette forme qu'elle devrait être posée, et non sous la forme de l'antériorité ou de la postériorité du TO. La vraie question épistémologique reste celle de la possibilité d'un modèle critique à deux archétypes-origines. Et il faut reconnaître que le texte des Actes ou plutôt les textes des Actes constituent un *lieu* privilégié de ce questionnement épistémologique.

Le *Codex Bezae* (qui reste pourtant un témoin assez faible du TO) a constitué très tôt un argument de poids contre la théorie de l'archétype unique. M.-J. Lagrange lui-même touche aux limites de son modèle quand il écrit : *"D garde toujours son mystère[11]. Quelle main a été assez autorisée ou osée pour retoucher hardiment le texte primitif, et dès les premiers temps du christianisme[12] ?* C'est le *"hardiment"* et le *"mystère"* que nous soulignerons ici. Le principe des *révisions* successives, telles que M.-J. Lagrange les définit, reste à nos yeux une réponse très problématique (dans le cas des Actes) et cela, pour deux raisons fondamentales que les tenants du *texte occidental* ont toujours mis en avant : d'une part, le nombre impressionnant de variantes qu'offre le *Codex Bezae* et d'autre part, le style lucanien de ces variantes. Ce sont ces éléments qui marquent les limites du modèle à un seul archétype-origine.

Pour consolider sa théorie des *variantes intentionnelles* contre des courants plus ou moins fondamentalistes, M.-J. Lagrange argumente avec vigueur sur *"la liberté des réviseurs"* et il y revient maintes fois. Parlant des *"correcteurs"* qui vérifiaient le travail du *"copiste"*, il écrit : *"lui-même, avec plus d'autorité, suivait parfois sa fantaisie ou plutôt laissait libre cours à ses bonnes intentions servies par une connaissance étonnante pour nous des textes sacrés"[13].* Il s'appuie, comme tant d'autres, sur l'autorité d'Origène et de Jérôme qui blâment la témérité des *"copistes"*. *"Il est donc évident qu'il est survenu une grande diversité dans les manuscrits soit par négligence de certains copistes, soit par l'audace pernicieuse de quelques-uns à corriger ce qui avait*

---

[11] D = *Codex Bezae.*
[12] LAGRANGE M.-J., *Critique textuelle*, p. 32.
[13] *Ibid.*, p. 23.

été écrit, soit par le fait de ceux qui ajoutaient ou retranchaient ce qui leur semblait bon en faisant l'office de correcteurs"[14].

Nous pouvons cependant objecter que la remarque d'Origène ne fonde pas pour autant la notion de *réviseurs* textuels. La remarque indique simplement qu'Origène, comme le fera Jérôme, a constaté l'abondance des variantes intentionnelles. Sont-elles littéraires ou textuelles, la question reste entière et ne pouvait en rien effleurer Origène. Ce que M.-J. Lagrange ne remet jamais en question, c'est le *lieu* de l'intentionnel ; nous pensons quant à nous qu'il est plus aisé de le situer dans une évolution littéraire que de l'attribuer à la fantaisie de *copistes* bien intentionnés.

M.-J. Lagrange a vu l'objection majeure qui peut être faite à cette notion de la *"révision"* : *"On en a conclu assez sottement que ces éditeurs furent plus audacieux au début parce qu'ils ne regardaient pas les écrits comme canoniques"[15].* Ce qui est objecté, c'est la question du *Canon* et le statut de l'Écriture. Quelle conception de l'Écriture avaient donc ces *réviseurs ?* M.-J. Lagrange répond que l'on tenait plus *à l'esprit qu'à la forme.* Certes l'argument a valeur pour des textes ne présentant pas une masse importante de lieux variants mais tout est différent avec la tradition occidentale des Actes. *"L'admiration pour Homère empêchait de lui attribuer des vers faibles, peu en accord avec d'autres épisodes. Les éditeurs chrétiens estimaient que leur respect pour des textes sacrés, dont Dieu étaient l'auteur, exigeait une correction plus saintement hardie..."[16].*

On constatera que la multiplication des arguments n'est en aucun cas démonstrative, mais toujours justificative. Et il ne peut en être autrement. Si l'on a posé l'évolution textuelle d'un archétype-origine unique, le *texte alexandrin*, il faut alors expliquer les variantes intentionnelles par la hardiesse des *correcteurs.* Car dans ce cas, tout l'intentionnel se situe au sein de cette évolution textuelle. Ce qui, répétons-le, se défend parfaitement devant un nombre limité de variantes, devient indéfendable devant le texte des Actes. La question est touchée du doigt quand M.-J. Lagrange analyse le *"Groupe D"* des Actes. Il discute l'hypothèse de l'antériorité du *texte occidental* défendue par Blass et s'y oppose au nom de son propre modèle : *"Enfin à supposer qu'on puisse attribuer tous ces traits à Luc lui-même, ce qui n'a rien en soi de choquant, la question se pose autrement. Si Luc avait écrit de la sorte, qui aurait eu l'audace de rayer de son texte tous ces traits*

---

14 *Ibid.,* p. 23. M.-J. LAGRANGE cite Origène dans son Commentaire de l'Évangile de Mathieu *P.G.,* XIII, 1293.

15 *Ibid.,* p. 23.

16 *Ibid.,* p. 24.

édifiants? Au contraire l'édification était une raison suffisante de les insérer[17].

Ce que le modèle de critique textuelle à un seul archétype manifeste comme impossible est cependant rendu possible par le modèle à deux archétypes-origines grâce à la distinction entre variantes littéraires et variantes textuelles. Dans un texte donné, la majeure partie des variantes intentionnelles seront ramenées au premier archétype et relèveront de la critique littéraire. Il restera alors un ensemble de variantes purement textuelles introduites par des *copistes* et des *réviseurs*, telles que M.-J. Lagrange les conçoit. Ce sont ces variantes textuelles de *la tradition occidentale* que M.-É. Boismard classe sous la rubrique TO2. Ainsi nous retrouvons l'évolution textuelle telle que la définit M.-J. Lagrange, mais maintenant dans des limites rendues possibles par le modèle à deux archétypes. Une fois distinguées les variantes littéraires des variantes textuelles, il nous faut encore considérer la différence de finalité des deux modèles critiques en ce qui concerne l'édition actuelle des textes et la présentation des apparats critiques.

Dans le modèle à un archétype, (ici le *texte alexandrin*), l'éditeur vise à établir un texte et un seul. Dans ce modèle, l'évolution littéraire du texte n'entre pas en ligne de compte et toutes les variantes sont textuelles. Cet archétype est posé comme *référant* conventionnel, par rapport auquel est rapportée la totalité du système des variantes qu'atteste l'ensemble des témoins. [+], [-], [//], [~][18]. C'est ainsi que se constitue *l'apparat critique*. L'édition finale comporte d'une part, le texte censé représenter l'archétype-origine et d'autre part, les variantes, produit des *réviseurs, correcteurs* et *copistes* d'époques postérieures.

Toute autre se révèle la finalité d'édition pour le modèle à deux archétypes. Cette finalité consiste en l'édition des deux archétypes de l'évolution littéraire du texte. (Deux dans le cas actuel des Actes, mais peut-être plus, rien ne fait objection). C'est le système des variantes littéraires : que nous marquerons [n] qui permet la distinction entre le premier archétype, ici TO et le second TA. C'est à travers l'ensemble des témoins, que doit s'effectuer le tri. Un témoin est considéré comme un *écho* plus ou moins lointain de son archétype. L'édition doit donc restituer le premier archétype au moyen de la totalité des témoins qui l'attestent. Mais l'édition doit aussi noter ce qui relève de la seule évolution textuelle des témoins et de leurs archétypes. On comprendra que l'analyse fasse intervenir à la fois des principes de critique littéraire et des principes de critique textuelle.

---

17 *Ibid.,* p. 304.
18 [+] = variante positive, [-] = variante négative, [//] = variantes de substitution, [~] = variante de mutation.

C'est exactement une classification de cet ordre qu'effectuent M.-É. Boismard et A. Lamouille pour les deux archétypes des Actes des Apôtres[19] : TO = T^{n-1} et TA = T^n. L'ensemble des variantes littéraires qui différencient le TO du TA est édité sous la rubrique TO. Ils font figurer à la suite, les deux ensembles de variantes textuelles, pour le TO : sous la rubrique : *variantes TO2* et pour TA sous la rubrique : *variantes du TA*.

SIGNES ET OPÉRANTS DANS LE MODÈLE À DEUX ARCHÉTYPES

Nous avions souligné que chacune des variantes était affectée conventionnellement d'un signe : [+], [-], [//], [~]. La question du signe des variantes est liée au choix du modèle. Car on ne remarque pas assez que ce signe n'a pas la même valeur dans un modèle à un ou à deux archétypes. On en comprendra aisément la raison générale. Dans le modèle à un archétype, toutes les variantes sont postérieures à l'archétype référent (TA). Dans un modèle à deux archétypes, les variantes littéraires (TO) sont antérieures à l'archétype référent : (TA).

En critique textuelle le signe de la variante se rapporte à un référant conventionnel : l'archétype-origine. Si dans un témoin donné : [X], une expression [n] apparaît *en plus*, elle est notée [+n] dans l'apparat critique. Une expression *en moins* sera notée [-n]. Si une expression [x] dans l'archétype est remplacée par une expression [y] dans le témoin elle est notée [//n] = [x//y] ([y] a remplacé [x]). Enfin si une expression [n] n'occupe pas la même place dans le témoin que dans l'archétype elle sera notée [~n]. Cette *algèbre* des variantes, parfaitement descriptive et adéquate dans le modèle à un archétype devient insuffisante dans le modèle à deux archétypes.

Soit dans un témoin, une variante notée : [+n] et ce, dans le modèle à un archétype. Le signe [+] a ici deux sens. D'une part, il indique qu'une expression : [n] ne figurant pas dans le référant figure dans le témoin, elle est *en plus* et est notée comme telle : [+]. Mais le signe est aussi utilisé pour signifier l'opération du scribe. Le témoin venant après l'archétype, la variante : [+n] correspond à une addition. On distingue donc la variante positive et l'opération d'addition. Or, dans ce modèle, le témoin étant postérieur au référant, le signe et l'opération se correspondent, au signe [+] correspond une addition, au signe [-] une omission. C'est cette correspondance entre le signe et l'opération qui n'existe pas dans le modèle à deux archétypes. Les variantes littéraires précèdent le référant : le TO précède le TA.

---

19 BOISMARD M.-É. et LAMOUILLE A., *Texte occidental, II.*

Soit dans un témoin du TO (premier archétype) une variante notée : [+ n], le signe [+] indique que l'expression [n] est *en plus* par
rapport au référant le TA. Mais l'opération portant sur l'expression n'est
pas une addition mais une omission. L'expression [n] figurant dans le
TO à été *omise* par le *rédacteur* du TA. Cette distinction entre le signe
et l'opération nous a déjà conduits[20] à noter les variantes littéraires de
deux signes, le premier restant celui qui la situe par rapport au référent,
nous lui laissons son nom de *signe* de la variante, le second décrit
l'opération du *rédacteur* : addition, omission, substitution, mutation, on
le nommera *l'opérant* de la variante. Nous distinguerons ainsi quatre
signes et quatre opérants :

Les signes : [+] variante positive, [-] variante négative, [//] variante de substitution, [~] variante de mutation.

Les opérants : [↓] : opération d'addition (flèche vers le bas), [↑] :
opération d'omission (flèche vers le haut), [↑≠↓] : opération de substitution qui correspond à une omission suivie par une addition, le signe
[≠] indique que l'expression ajoutée est différente de l'expression omise.
[↑=↓] : une opération de mutation, omission et addition d'une même expression [=] à des places différentes.

Nous pouvons maintenant à l'aide d'exemples précis, envisager
pour les quatre signes les différences fondamentales qui vont jouer
dans l'un ou l'autre modèle

Les variantes positives [+]

En Actes 3:6 la variante [+ προς αυτον] (témoin : [h]), dans le
modèle à un seul archétype, se comprend comme une addition. Le *copiste* ou le *réviseur* ont ajouté l'expression : [προς αυτον]. Nous
voyons que le modèle à deux archétypes change cette interprétation.
L'expression : [προς αυτον] en amont du TA a été omise par le dernier
rédacteur. Le signe [+] et l'opérant [↑] ne correspondent pas. C'est en
terme d'omission qu'il faudra donc poser la question de l'interprétation
de la variante [προς αυτον]. Nous pouvons marquer le signe et
l'opérant de la variante : [+↑] [προς αυτον] (variante positive, omise du
TA). Nous comprenons aussi que le *copiste* de l'archétype de [h] s'est
contenté de reprendre l'expression qu'il avait trouvée et qui appartient à
l'archétype-origine. C'est donc l'omission [↑] de [προς αυτον] par le
rédacteur qu'il faudra expliquer et non pas l'addition d'un *copiste*. C'est
là un changement capital de point de vue.

---

20 Cf. TAVARDON P., *Doublets et variantes de structure :* symboles utilisés.

Si l'on se rapporte maintenant au témoin [D], l'apparat critique du modèle à un archétype-origine ne donnerait aucune indication au sujet d'une variante qui ne figure pas dans le témoin. Dans le second modèle, la critique doit rendre compte de l'absence et par conséquent de l'omission de [προς αυτον] dans le témoin [D]. Ceci doit être signifié par un symbole qui jouera un rôle important dans nos classifications : le signe [Ø] = ensemble vide), il indique que la variante ne figure plus dans le témoin : [D] mais qu'elle figure cependant dans l'archétype, comme l'attestent les autres témoins. Remarquons qu'ici l'omission n'est pas l'œuvre d'un *rédacteur*, elle n'est pas littéraire, mais textuelle. La variante : [προς αυτον], omise par le dernier *rédacteur* (variante littéraire) est attestée par [h] qui a reproduit fidèlement son archétype-origine (TO). Mais au cours de l'évolution textuelle du TO, [προς αυτον], a été omis par l'archétype de [D], ce que nous indiquons par le signe d'absence : [Ø]. L'opération est ici textuelle et non littéraire. Elle s'inclut dans l'histoire du *texte occidental*. Cependant cette absence [Ø] pose une question importante. Pourquoi et comment s'effectue cette correction ? C'est la question des *révisions* dans le modèle à deux archétypes-origines. On sait que cette omission aligne de fait le TO sur le TA, et l'on dira que le TO s'est *harmonisé* sur le TA, on parlera d'un texte *"abâtardi"*[21]. Nous savons que la *révision* par *harmonisation* reste fondamentale dans l'exposé que donnent M.-É. Boismard et A. Lamouille. Nous verrons que, si la *révision* dans le modèle à un archétype est le résultat du génie créatif des *copistes*, elle devient une suite d'opérations d'*harmonisation* dans le modèle à deux archétypes. Et il semble difficile d'échapper à ce dilemme. Le modèle à un archétype-origine doit nécessairement rendre compte de la présence des variantes, le modèle à deux archétypes doit nécessairement rendre compte de leur disparition. Le processus d'*harmonisation* reste une question entière que nous aborderons tout au cours de ce développement. Nous noterons la variante positive 3:6 [προς αυτον] :

3:6 TO [+↑] [προς αυτον] [h]
3:6 TO [Ø] [προς αυτον][D] Mae
(TO [+↑] : Variante positive du TO par rapport au TA, qui a été omise par le *rédacteur* du TA, attestée par le *Codex de Fleury* TO [Ø], mais qui n'est pas attestée par le *Codex Bezae* [D], ni le *Codex Glazier* [G])

---

21 Expression de M.-É. Boismard, BOISMARD M.-É. et LAMOUILLE A., *Texte occidental, I*, p.115.

Les variantes négatives [-]

Soit en 3:21 [- απ'αιωνος] attesté en [D] et [h] mais pas en Mae. Le *texte occidental* ne comportait pas l'expression : [απ'αιωνος]. Cette expression a été ajoutée [↓] par le dernier *rédacteur*. [h] et [D] ont suivi l'archétype. Ici la question littéraire consiste à expliquer l'addition de l'expression : [απ'αιωνος] par le *rédacteur* du *texte alexandrin*. Dans le modèle à un archétype-origine, il nous faudrait rendre compte d'une omission par un *réviseur*, ou par un *copiste*. Ici encore les perspectives sont renversées. Mais que s'est-il produit au niveau de Mae? L'apparat critique du premier modèle n'indiquerait rien, vu qu'ici Mae suit le TA. Par le symbole d'absence, [Ø] nous signifions cependant qu'une variante existant dans le TO, a disparu du témoin Mae. La question se pose à nouveau, où le *réviseur* a-t-il trouvé cette expression inexistante dans l'archétype-origine TO ? Il faut ici de toute nécessité poser une relation au TA. C'est à partir de cette problématique que se développe la notion d'*harmonisation* que nous avons déjà abordée. Remarquons simplement que le cas de la variante négative, est plus contraignant. Dans le cas des variantes positives, on pouvait encore expliquer l'absence par une omission du *copiste* sans recourir à l'*harmonisation*. Pour la variante négative, cela est impossible. Si l'expression [απ'αιωνος] ne figure pas dans le TO et que ni [h] ni [D] ne l'attestent, il faut alors rendre compte de sa présence dans le témoin Mae et une relation au *texte alexandrin* s'impose. On remarquera cependant avec intérêt que ces variantes présentent très souvent un double état attestant l'opération d'addition. C'est le cas de 3:26 [απ'αιωνος]. Si l'expression a bien été rajoutée dans l'archétype de Mae, on constate qu'elle l'a été aussi dans l'archétype de la *Koinè*, mais pas à la même place. l'apparat critique indique (~ après προφητων)

Ce qui donne en résumé :

3:21 TO [-↓] [απ'αιωνος] [h] [D]
3:21 TO [Ø] [απ'αιωνος] Mae

Les variantes de substitution [//]

Soit la variante 3:12 [ιδων//αποκριθεις] attestée en [D]. Le TO comportait l'expression [αποκριθεις] qui a été omise [↑] et remplacée [↓] par [ιδων]. Le double opérant [↑↓] indique l'action du *rédacteur* : omission/addition. Le témoin [D] atteste la même variante ; le *copiste* de [D] a donc suivi son archétype.

La variante n'est présente ni en [h], ni en Mae, qui tous deux attestent [ιδων] comme le TA. Les deux modèles sont encore ici bien différents, tant dans leurs questions que dans leurs conclusions. Pour le modèle à un unique archétype-origine, on se demandera pourquoi [D] a substitué [αποκριθεις] à [ιδων], et l'on ne se posera aucune question concernant : [h] et Mae qui n'attestent pas cette substitution. En revanche, dans le modèle à deux archétypes-origines, la critique littéraire doit rendre compte du remplacement d' [αποκριθεις] par [ιδων] au niveau du *texte alexandrin* La critique textuelle doit, quant à elle, expliquer l'alignement de [h] et de Mae sur le *texte alexandrin*. On comprend que l'ordre chronologique critique est inverse. Le modèle à un archétype-origine progresse d' [αποκριθεις] à [ιδων]˙ le modèle à deux archétypes-origines d' [ιδων] à [αποκριθεις].

Ce qui donne en résumé :

3:12 TO[//↑↓] [αποκριθεις/ιδων] [D].

3:12 TO[Ø] [αποκριθεις/ιδων] [h] Mae.

Les variantes de mutation [~]

En 3:15 l'expression [εσμεν] a été changée de place. [h] atteste [εσμεν μαρτυρες] contre [μαρτυρες εσμεν] dans le TA. Dans le modèle à deux archétypes-origines, cela signifie que l'expression [εσμεν] du TO a été déplacée [↑↓]. Le *copiste* du témoin [h] suit l'archétype-origine et atteste : [εσμεν μαρτυρες]. Dans un modèle à un seul archétype il faudrait plutôt expliquer pourquoi [h] a déplacé [εσμεν] après [μαρτυρες]. En [D] et Mae le déplacement n'est pas attesté, [D] et Mae sont alignés tous deux sur le *texte alexandrin*. Nous retrouvons la question de l'*harmonisation*.

En résumé nous pouvons écrire :

3:15 TO[↑~↓] [εσμεν] [h]

3:15 TO[Ø] [εσμεν] [D] Mae

SIGNES ET OPÉRANTS FACE AUX PRINCIPES DE LA CRITIQUE TEXTUELLE

Nous venons de voir que le signe des variantes doit être accompagné d'un opérant si nous voulons représenter les mouvements réels des *rédacteurs* et des *copistes*. Le passage du premier modèle au second modèle entraîne une *révolution* au niveau de l'interprétation. Nous voulons maintenant dégager plus précisément les implications de cette *révolution* au niveau des principes généraux de la critique textuelle et de manière plus précise dans la critique textuelle du livre des Actes.

Les grands principes de la critique textuelle tels que nous les trouvons sous la plume de M.-J. Lagrange ou de Vogels[22] ou encore de Vaganay-Amphoux[23] évoluent dans un modèle critique à un seul archétype-origine. Nous jugeons intéressant et important de revenir sur quelques-uns de ces principes en les réexaminant en fonction du second modèle et de la distinction que nous avons établie entre signes et opérants. Nous suivrons comme précédemment, l'ordre des signes des variantes : [+], [-], [//], [~].

Les variantes positives [+]

Nous savons que *les variantes longues* ont été l'argument majeur avancé par tous les opposants à l'antériorité du *texte occidental*. M.-J. Lagrange soucieux de justifier la théorie des *copistes glossateurs* écrit : *" En somme le copiste, plus ou moins consciemment, va à la leçon qu'on comprendra le plus facilement : il l'a créé au besoin de plusieurs manières, a) tantôt il remplace un mot significatif ou pittoresque par une expression courante et banale, b) tantôt il omet un mot difficile, c) tantôt il ajoute pour la clarté des mots"* [24]. Nous nous trouvons dans le troisième des cas : additions et variantes dites longues sont considérées comme des *gloses* de *réviseurs*. C'est la seconde règle de Vogels : *"la version la plus courte doit être préférée"*[25]. Le *réviseur* est sensé se livrer à un commentaire de son texte ; il veut le rendre plus clair, l'expliciter à son public. M.-J. Lagrange explique que c'est la *"vénération qu'on avait pour le texte qui a inspiré les changements les plus intentionnels"*[26]. Il faudrait donc expliquer par un phénomène de *glose* l'ensemble des variantes additives longues. C'est l'interprétation du modèle à un seul archétype-origine. Il ne peut en être autrement, toutes les variantes devant être expliquées au seul niveau de l'évolution textuelle de l'archétype-origine.

Dans le modèle à deux archétypes, Il faudra s'en rapporter à l'opérant et non au signe. L'opérant d'une variante positive dans le second modèle est une omission [+↑]. On considère que le texte long du premier archétype (TO) a été omis par le *rédacteur* du second (TA). Pour

---

22 VOGELS H. J., *Critique textuelle du N.T*, S.D.B., cl 268.
23 VAGANAY L., AMPHOUX C.-B., *Initiation à la critique textuelle*.
24 LAGRANGE M.-J., *Critique textuelle*, p 34.
25 VOGELS H. J., *Critique textuelle du N.T*., S.D.B., cl 268.
26 LAGRANGE M.-J., *Critique textuelle*, p. 40.

fonder l'omission, on se réfère à la critique littéraire. Ce sont des critères de critique littéraire qui vont rendre compte de la suppression du texte long.

Nous voyons que la question qui se pose est celle d'une omission de texte et non pas celle d'une addition. Il faut reconnaître que l'explication est bien plus convaincante que celle par *glose* du modèle à un seul archétype. Le document du premier archétype (TO) est lui-même le résultat d'une évolution littéraire fonctionnant sur le principe de *fusion* et de *juxtaposition* de petites unités littéraires. Ce travail de composition progressive n'atteint pas sa maturité du premier coup. Il faut y revenir à plusieurs reprises, il faut livrer le texte à un *polissage* stylistique, il faut appliquer des corrections d'ordre théologique. C'est par ce *polissage* que des mots ou des phrases entières peuvent être supprimés. On peut, en guise d'exemple, citer le cas que nous avons longuement étudié dans les Actes, celui des *"doublets littéraires"*[27]. Ces doublets générés par des *fusions* littéraires sont transformés et souvent supprimés. Pour progresser dans cette forme d'analyse, il faut toujours considérer les *structures* et leurs mouvements de transformation. La variante est toujours un élément dans une *structure*. C'est la *structure* qui rend compte de sa propre transformation interne.

Le texte de *"la guérison d'un infirme"* en Actes 3:1-11 nous offre un document profondément remanié et recomposé, c'est par l'analyse littéraire du texte que l'on comprend la variante positive 3:11 [εκπορευομενου δε του Πετρου και Ιωαννου συνεξεπορευετο κρατ ων αυτους] · *"Or alors que Pierre et Jean sortaient, il sortait avec eux"* : variable que nous assortissons de l'opérant d'omission : [↑], nous écrivons : 3:11 [+↑] [εκπορευομενου...αυτους].

On comprendra que le changement de modèle critique impose une compréhension nouvelle des principes de critique textuelle : *"La leçon la plus courte doit être préférée à la plus longue"*, dira-t-on dans le contexte des *copistes*, c'est à dire de l'évolution textuelle d'un archétype. Dans ce modèle, à une variante positive [+] correspond un opérant additif [↓]. Mais dans le modèle à deux archétypes, incluant l'évolution littéraire, l'opérant de la variante positive [+] étant une omission [↑], la leçon longue suppose un premier état du texte rendu plus harmonieux dans un second état, la *leçon courte* a remplacé la *leçon longue*. L'évolution littéraire et l'évolution textuelle ne sont pas commandées par les mêmes règles. Le *rédacteur* reconstruit son texte par *polissages* successifs, alors que le *copiste* le reproduit et tend à l'interpréter. C'est donc un ensemble d'omissions qu'il faudra expliquer,

---

[27] TAVARDON P., *Doublets et variantes de structure.*

quand on parlera des variantes longues et non pas un travail de *glossateur* très difficilement justifiable de par ailleurs.

Les variantes négatives [-]

En critique textuelle à la variante négative [-] est associé un opérant d'omission : [↑]. Dans le cas du modèle à deux archétypes, à la variante négative correspond un opérant additif, [-↓]. Le *rédacteur* du deuxième archétype a procédé à un certain nombre d'additions en vue d'améliorer ou de compléter son texte. Les principes qui gèrent cette évolution sont les mêmes que ceux que nous venons d'étudier concernant la variante positive. Il s'agit de l'évolution littéraire et du *polissage* d'un document, les structures stylistiques peuvent rendre raison du travail d'addition.

Quand M.-J. Lagrange en arrive aux omissions qui sont pour lui des omissions de *copistes*, il commence par les justifier au nom de sa conception de la *révision* réfléchie ; s'il y a addition, il doit y avoir omission, il écrit : *"Après les additions, les omissions. D ne serait pas une recension réfléchie, s'il n'avait poursuivi son but par des omissions aussi bien que par des additions"*[28]. Mais très vite, il ne cache pas son embarras pour en rendre compte : *"À la vérité dans les Actes, elles sont beaucoup moins dans sa manière que dans les évangiles, quelques unes ne s'expliquent guère"*[29]. Les exemples qu'il donne sont suggestifs des limites de son modèle et il fait souvent suivre la solution proposée, par un point d'interrogation. Or ces exemples offrent une explication parfaitement cohérente, si l'on veut bien les considérer comme des additions du *rédacteur* du second archétype et les intégrer dans une logique stylistique. Les exemples donnés, touchent précisément au chapitre II des Actes.

En 2:16 le TA donne [διά τοῦ προφήτου ᾿Ιωήλ].Le TO atteste en, 2:16 [δια του προφητου]. La variante attestée par [D], [- Ιωηλ], ne l'est ni par [h] ni par Mae, en revanche elle est soutenue par : [d, Just,. Ir, r, prv.², Augᶜ, Rebapt, Hil, GrElv][30]. M.-J. Lagrange écrit *"Joël a-t-il été omis parce que la citation n'était pas exacte ou a-t-il était suppléé par B"*. La deuxième solution est d'ailleurs proposé par É. Jacquier[31]. Ces deux hésitations sont intéressantes et illustrent bien le

28 LAGRANGE M.-J., *Critique textuelle*, p. 397.
29 *Ibid.*
30 Cf. BOISMARD M.-É. et LAMOUILLE A., *Texte occidental, II*, p. 12.
31 JACQUIER E., *Les Actes des Apôtres*, p. 58 : *"Il est possible que le texte primitif ne nommait pas Joël, et qu'on l'y ait ajouté parce que le passage lui était emprunté"*.

principe de la méthode *éclectique*. Devant l'évidence de l'addition de Joël au niveau du TA, on a recours à la suppléance par B. Dans le modèle à deux archétypes, on comprend que *"Joël"* a été ajouté par le *rédacteur* final, soucieux d'éclairer des lecteurs, peut-être moins expérimentés dans l'identification des citations de l'Ancien Testament.

2:19-TA   [αἷμα καὶ πῦρ καὶ ἀτμίδα καπνοῦ] 2:19-TO   omet cette expression. La variante est attestée par [D, d, g, p*, r, Prisc][32] M.-J. Lagrange ne peut visiblement rendre compte de ce qui est pour lui une omission : *"(l'expression) a paru une surcharge, D en prenant décidément à son aise avec ce texte"[33]*. Or si nous nous plaçons dans la logique d'un TO complété, nous voyons que le *rédacteur* a *harmonisé* son texte sur la Septante du livre de Joël[34]. Par souci de précision il a donné intégralement la citation de Joël . On retrouve dans ce cas la cinquième règle de critique textuelle de Vogels : " *Dans les parallèles à l'A.T ou au N.T on préférera la leçon qui offre des divergences verbales"[35]*. Le passage incomplet est le plus ancien, c'est le *rédacteur* du TA qui a *bien fini* son travail. Comment pourait-on expliquer l'opération inverse ?

En 2:38 la variante négative [-υμων] a été classée par M.-É. Boismard dans l'évolution textuelle du TO (TO2) et non dans son évolution littéraire. En conséquence, à la variante négative [-υμων] correspond bien dans ce cas un opérant d'omission [↑]. C'est un *réviseur* du TO (indépendamment de l'évolution littéraire en TA) qui a retravaillé le texte. Le TO avait comme le TA, [le pardon de vos péchés], le *réviseur* en a fait le *"pardon des péchés"*, cette formule universelle figure dans [D], [h] et Mae, le texte du TO (vos péchés) est ici donné par Augustin[36], nous aurons à revenir sur cette question du TO2 tout au long de notre développement.

2:46 La variante négative [ομοθυμαδον] offre un très bel exemple de l'utilité de la critique littéraire dans l'élaboration de la critique tex-tuelle. Il n'est pas possible ici de revenir sur la longue analyse que nous avons consacrée à ce *"sommaire"[37]*. En résumé, l'auteur du premier ar-

---

[32] Cf. BOISMARD M.-É. et LAMOUILLE A., *Texte occidental, II*, p. 13.
[33] LAGRANGE M.-J., *Ibid.*
[34]Joël 3:3, καὶ δώσω τέρατα ἐν τῷ οὐρανῷ καὶ ἐπὶ τῆς γῆς αἷμα καὶ πῦρ καὶ ἀτμίδα καπνοῦ.
[35] VOGELS H. J., *Critique textuelle du N.T.*, S.D.B., cl 268.
[36] BOISMARD M.-É. et LAMOUILLE A., *Texte occidental, II*. p 16. *"Augustin cite 8 fois ce texte avec la variante [et dimittentur (remittentur) vobis peccata vestra] : dans 7 de ces citations il omet la finale sur l'Esprit Saint et à la huitième il la place avant [et dimittentur]. Ces variantes sont trop constantes pour pouvoir être attribuées à la fantaisie d'Augustin : il cite d'après le vieux texte africain abandonné par Cyprien pour le TO2".*
[37] TAVARDON P., *Doublets et variantes de structure.*

chétype (TO) a opéré une refonte littéraire des *"sommaires"* d'où il a éliminé certaines contradictions. Les *trois mille personnes* de 2:41b ne pouvaient se trouver toutes: [ησαν επι το αυτο], *dans le même lieu*, [D, Mae] font ici très certainement allusion au point-origine de l'église primitive, cependant elles pouvaient très bien être *ensemble*: [ομοθυμαδον]. Ce que la critique textuelle de M.-J. Lagrange considère comme une omission visant à tempérer *"une entente trop générale"* est une opération additive du *réviseur* du TO qui remplace *l'unité de lieu* devenue impossible par *l'unité de cœur*.

Nous en resterons là en ce qui concerne la question des variantes négatives. Nous pouvons, en tout état de cause, constater que le modèle à deux archétypes, renverse une fois de plus les perspectives de lecture du texte, en intégrant l'évolution littéraire. Sur ces quelques exemples, et il y en a bien d'autres, on conclura que la critique textuelle relevant du premier modèle critique, n'est tout simplement pas en mesure de rendre compte des variantes négatives qu'elle comprend comme des opération d'omission. S'il est encore relativement logique d'attribuer les *variantes longues* à des *glossateurs*, il est impossible, d'expliquer des additions littéraires par des omissions de scribes.

En comprenant qu'une variante négative correspond à opération littéraire additive et en intégrant cette opération dans un ensemble de restructurations stylistiques, la critique jette un jour radicalement nouveau dans l'ordre de l'évolution du texte.

Les variantes de substitution [//]

Le nombre des substitutions est très important. Cette forme de variante cumule à la fois les propriétés de la variante négative et de la variante positive. Substituer, c'est enlever [↑]une expression [x] (omission) et la remplacer[↓] (addition) par une expression [y]. Par conséquent, d'un modèle à l'autre, nous allons retrouver au niveau des règles de la critique, les mêmes modifications que celles que nous venons d'entrevoir pour les additions et les omissions.

Mais la substitution reste complexe, en ce qui concerne son sens chronologique. On remarquera que l'addition comme l'omission inclut le [Ø]. Soit, un *vide* est rempli, soit un *vide* est créé. Soit Ø => X, soit X => Ø. La substitution quant à elle procède de X vers Y, ou de Y vers X, [X => Y] ou [Y=>X], (X est remplacé par Y ou Y est remplacé par X). Toute la question réside dans le sens chronologique à adopter. Ce sont ici les règles 3 et 6 de H. J. Vogels qui interviennent: *"Il faut choisir l'expression à l'origine des autres...il faut préférer la leçon qui colle le mieux avec la langue du N.T"*[38].

Un bon exemple peut être pris en Actes 3:4-TA :

[ἀτενίσας δὲ Πέτρος εἰς αὐτὸν σὺν τῷ Ἰωάννῃ εἶπεν, Βλέψον εἰς ἡμᾶς] Actes 3:4-TO : [ἐμβλέψας δὲ Πέτρος εἰς αὐτὸν σὺν τῷ Ἰωάννῃ εἶπεν, ἀτένισον εἰς ἡμᾶς] (les deux substitutions sont soutenues par [D], la seconde seule est soutenue par [D, h, SyrP, Mae])

Nous sommes en présence d'une double substitution avec croisement. Pour le modèle à un seul archétype-origine, nous avons : [ἀτενίσας//ἐμβλέψας] et [Βλέψον//ἀτένισον]. Le scribe aurait remplacé [ἀτενίσας] par [ἐμβλέψας] et [Βλέψον] par [ἀτένισον]. La question reste entière de savoir pourquoi [D] a procédé à ce double changement. Dans le modèle à un archétype, la critique textuelle est bien en peine de justifier ce mouvement. Elle pourra toujours parler de négligence, Jacquier avoue : *"on ne voit pas la raison d'être de ces changements"*[39]. Le modèle à deux archétypes se trouve, quant à lui, devant une problématique renversée : Il lui faut rendre compte de [ἐμβλέψας//ἀτενίσας] [↑↓]. [ἀτένισον//Βλέψον] [↑↓]. Il est important de noter une fois de plus que le changement de modèle entraîne un renversement de la question. Il ne s'agit plus maintenant de savoir pourquoi un scribe a supprimé [ἀτενίσας] pour le remplacer par [ἐμβλέψας], et supprimé [Βλέψον] pour lui substituer [ἀτένισον]. Mais il s'agit de poser la question absolument inverse. Pourquoi le *rédacteur* du second archétype a-t-il remplacé :

[ἐμβλέψας] par [ἀτενίσας] et [ἀτένισον] par [Βλέψον]. La réponse se situera alors, au niveau de la critique littéraire, car c'est une évolution littéraire de structures qui détermine cette substitution. Si la question n'a aucun sens dans le modèle à un seul archétype-origine, ici elle se situe immédiatement dans une réorganisation minutieuse d'un texte. Nous avons longuement analysé ces changements[40] de structures. Il n'est pas question de reprendre cette argumentation. Constatons qu'il s'agira d'abord de faire disparaître un doublet contradictoire de *fusion* documentaire : [3:3-3:4], *[Celui-ci ayant regardé fixement]* et la demande de Pierre : *[regarde-nous fixement]*. Qui plus est le verbe du TO : *"regarder fixement : ἀτένισον"* a un sens bien précis ; il indique un regard tourné vers ce qui vient de Dieu, c'est le regard de la contemplation. (Ce qui est attesté par tous les autres emplois de ce verbe). Pierre ne peut demander qu'on le *"regarde fixement : ἀτένισον"* de la même manière qu' Étienne *"regarde fixement vers le*

---

38 VOGELS H. J., *Critique textuelle du N.T.*, S.D.B., cl 268.

39 JACQUIER E., *Les Actes des Apôtres*, p.96.

40 TAVARDON P., *Doublets et variantes de structure*, pp. 47-49.

ciel et... y voit la Gloire de Dieu", en 7:55. Pour la même raison en 3:12 le *rédacteur* du *texte alexandrin* fera dire à Pierre de ne pas *"les regarder fixement"* alors que le TO parlait simplement de ne *"pas s'attacher à nous"*.

Aussi dirons-nous, que la mise en évidence du sens chronologique des expressions passe obligatoirement par le choix du modèle critique. C'est le modèle qui détermine la cohérence du sens. Pourquoi, seule la seconde substitution est-elle soutenue à la fois, par [h], [D] et Mae] ? C'est là une question de critique textuelle relative à l'évolution des témoins du premier archétype (TO). On parlera encore dans ce cas d'*harmonisation* sur le *texte alexandrin*.

LES FIGURES RELATIONNELLES ET LE SYSTÈME GÉNÉRAL DES TÉMOINS

Après les signes et les opérants qui définissent la variante par rapport à ses deux archétypes-origines. (le signe = relation conventionnelle au TA, l'opérant = relation réelle TO-TA), il nous faut mettre en place un système relationnel des témoins entre eux, afin de situer la variante dans l'ensemble de son évolution textuelle. Nous avons appelé ces combinaisons de témoins : les *figures relationnelles.* La finalité de ces *figures* sera de tracer l'évolution textuelle de la masse des variantes. Pour définir le principe des *figures,* nous prendrons pour des raisons pratiques les trois témoins du *texte occidental* qui nous serviront d'échantillons de travail[41].

[h] : le *Codex de Fleury* (texte latin)[42].

[D] : le Codex *Cantabrigiensis* ou *Codex Bezae* (texte grec)[43].

[G] : le manuscrit 67 de la collection *Glazier*, (texte copte : dialecte moyen-égyptien)[44]. Ce Codex est toujours nommé Mae dans les apparats critiques, nous lui attribuons la lettre [G] (Glazier) pour des raisons pratiques.

1er cas, la variante est attestée par les trois témoins à la fois : [h D G]

2e cas, la variante est attestée par deux témoins, avec trois cas possibles : [h-D], [h-G], [D-G]

3e cas, la variante est attestée dans un seul témoin, avec encore trois cas possibles : [h], [D], [G].

---

[41] Nous définirons plus loin les textes utilisés pour l'ensemble de nos statistiques.

[42] Codex *Floriacensis* ou palimpseste de Fleury, BOISMARD M.-É. et LAMOUILLE A., *Texte occidental, I* p. 39.

[43] *idem.* pp. 11...

[44] SCHENKE H.-M., *Codex Glazier.*

Ces combinaisons donnent sept figures possibles que nous disposons dans une grille.

1er cas	h	D	G
2e cas	h	D	
2e cas	h		G
2e cas		D	G
3e cas	h		
3e cas		D	
3e cas			G

GRILLE DE COMBINAISONS DES TÉMOINS DANS LE PREMIER MODÈLE

Dans le cas du modèle à un seul archétype-origine (TA), les trois témoins dérivent de cet archétype et le texte se corrompt au cours de son évolution. (Les variantes vont en nombre croissant).

Si nous posons Σ (h.), Σ (D), Σ (G) = la somme des variantes attestée pour chacun des trois témoins [h], [D] et [G] ; l'évolution se déroulera, sur le plan quantitatif, du moins vers le plus. ==> +). C'est à la fin de l'évolution des témoins que se situera le maximum des variantes qui s'additionnent au cours du temps.

Dans le modèle à deux archétypes-origines (TO-TA), la problématique est différente. Nous situons à l'origine, la masse des variantes littéraires qui distinguent les deux archétypes l'un de l'autre, TO-TA. Nous appellerons cette somme :

Σ (T) = Somme totale des variantes.

Ces variantes sont les variantes attestées par la totalité des témoins inventoriés et non pas simplement par [h] [D] et [G]. C'est à partir de cette totalité Σ (T), que le premier archétype (TO) est restitué.

Cette quantité va aller diminuant par identification croissante au second archétype. Le TO s'identifie progressivement au TA. Dès lors, suivre la loi d'évolution des variantes, dans le second modèle, consiste à suivre leur diminution progressive, leur *harmonisation* [45] sur le TA, dira M.-É. Boismard. Dans cette optique nouvelle, nous dresserons, une grille incluant le signe d'absence de variante : [Ø][46]. C'est ce signe qui indique l'absence de la variante dans le témoin et par conséquent l'identité avec le TA à savoir son *harmonisation*. Nous constituons de la sorte de ce que nous appelons : les *figures* du second modèle.

---

45 BOISMARD M.-É. et LAMOUILLE A., *Texte occidental, I*, p. 111.
46 Cf. *Symboles utilisés*.

1er cas	h	D	G
2e cas	h	D	Ø
2e cas	h	Ø	G
2e cas	Ø	D	G
3e cas	h	Ø	Ø
3e cas	Ø	D	Ø
3e cas	Ø	Ø	G
1er cas	Ø	Ø	Ø

GRILLE DE COMBINAISONS DES TÉMOINS DANS LE SECOND MODÈLE

1- Les trois témoins soutiennent ensemble le TO : figure [h D G].
ou les trois témoins soutiennent ensemble le TA :figure [Ø Ø Ø].
2- Deux témoins soutiennent le TO et un soutient le TA.
Figure [h D Ø], [h] et [D] soutiennent le TO, [G] soutient le TA.
Figure [h Ø G], [h] et [G] soutiennent le TO, [D] soutient le TA.
Figure [Ø D G] [D] et [G] soutiennent le TO, [h] soutient le TA.
3 - Un témoin soutient seul le TO, les deux autres soutiennent le TA.
[h Ø Ø] : [h] soutient le TO, [D] et [G] soutiennent le TA.
[Ø D Ø] : [D] soutient le TO, [h] et [G] soutiennent le TA.
[Ø Ø G] : [G] soutient le TO, [h] et [D] soutiennent le TA.
Nous pouvons en déduire la grille ci-dessus que l'on comparera à celle
du premier modèle. Cette grille décrivant la combinaison des variantes
dans le modèle à deux archétypes illustre bien la différence de méthodologie des deux modèles.

Soit la figure [h D Ø], notée [h D] dans le premier modèle. Nous
dirons, dans ce cas, que [h] et [D] attestent une variante ([+] ou [-] ou
[//] ou [~]) du TO et nous ajouterons que la variante ne figure pas, et
plus exactement ne figure plus dans [G]. Disparition dont il faudra
rendre compte par la critique textuelle. Nous comprenons alors que
l'inventaire et l'analyse d'un seul témoin n'a pas de sens. Nous pouvons
parler d'une absence de la variante en [G] en fonction de sa présence en
[h] et [D]. Ceci légitime l'existence de la huitième figure : [Ø Ø Ø]. La
variante absente des trois témoins est cependant attestée par un autre
témoin, elle fait donc partie de la somme totale des variantes littéraires
qui distinguent le TO du TA, à savoir de Σ (T).

La grille du second modèle comparée à celle du premier nous
permet de poser les deux relations qui distinguent l'évolution textuelle
dans l'un et l'autre modèle.

Pour le modèle à un seul archétype-origine (TA), nous parvenons à trois relations indépendantes donnant la somme des variantes pour chacun des témoins :

Σ (h) = Somme des variantes du témoin [h].

Σ (D) = Somme des variantes du témoin [D].

Σ (G) = Somme des variantes du témoin [G].

Pour le modèle à deux archétypes, la somme des variantes d'un témoin est liée à la somme totale des variantes dans l'ensemble des témoins inventoriés Σ (T).

Si nous posons :

Σ ($\emptyset$)h = Somme des *harmonisations* de [h].

Σ ($\emptyset$)D = Somme des *harmonisations* de [D].

Σ ($\emptyset$)G = Somme des *harmonisations* de [G],

nous pouvons écrire :

Σ (T) = Σ ($\emptyset$)h + Σ (h) soit Σ **($\emptyset$)h = Σ (T) - Σ (h)**

Σ (T) = Σ ($\emptyset$)D + Σ (D) soit Σ **($\emptyset$)D = Σ (T) - Σ (D)**

Σ (T) = Σ ($\emptyset$)G + Σ (G) soit Σ **($\emptyset$)G = Σ (T) - Σ (G)**

Soit dans le cas précis de [h] :

Σ (T) = Somme des variantes de la totalité des témoins.

Σ ($\emptyset$)h = Somme des *harmonisations* pour le témoin [h].

Σ (h) = Somme des variantes pour le témoin [h].

Pour chacun des témoins : la somme des *harmonisations* est égale à la somme totale des variantes moins la somme des variantes du témoin. Cette relation à la somme totale des variantes Σ (T) dans chacune des évolutions textuelles, justifie pleinement l'enquête de M.-É. Boismard dont nous parlions en introduction : *"Nous avons remué une masse énorme de matériaux et, croyons-nous, ce ne fut pas en vain"*[47], et surtout : *"Sur notre lancée, nous avons tenté une expérience qui transcende le problème de la différence entre texte alexandrin et texte occidental"*. L'évolution et la situation d'un témoin donné n'a de sens que par la totalité des témoins consultés.

Ainsi nous pensons avoir établi que toutes les analyses de la question du *texte occidental* des Actes reposant sur un seul témoin, quelle que soit sa valeur, demeure caduque. L'analyse particulière d'un témoins doit faire suite à la totalisation des variantes pour tous les témoins, c'est ce que nous avons appelé : le *système général des témoins*.

---

[47] BOISMARD M.-É. et LAMOUILLE A., *Texte occidental, I*, p.9.

LE CONFLIT DES *RÉVISIONS*

L'un et l'autre modèles s'opposent sur des points importants, et les implications en sont multiples. Le modèle à un archétype-origine, modèle classique de la critique textuelle, défendu par M.-J. Lagrange et par tant d'autres actuellement, faute de ne pas avoir envisagé la possibilité d'une autre hypothèse, se situe en aval de son référent ; le *texte alexandrin* dans le cas présent.

Le modèle à deux archétypes-origines défendu, dans le cas particulier des Actes, par M.-É. Boismard et A. Lamouille se situe, quant à lui, en amont de son référent. Cette situation nous invite encore à poursuivre quelques remarques d'ordre épistémologique.

Dans la première hypothèse, nous sommes en présence d'un mouvement de *dérive* par rapport au texte considéré (aujourd'hui) comme ligne du *Canon*, le *texte alexandrin*. [h D G] sont les témoins d'un travail *post-canonique*. Les variantes peuvent être retenues par intérêt historique, mais sans plus. Il va s'en dire, que ce qu'elles pourront nous révéler de *l'histoire de l'Église* sera plus ou moins tardif mais toujours postérieur à la limite du *Canon*. Malgré tous les arguments de M.-J. Lagrange pour légitimer ce procédé, il n'empêche que lui-même reste dans l'expectative devant la masse de *lieux variants* que nous offre la tradition occidentale des Actes. Il faut vraiment beaucoup accorder à la liberté des *copistes*, *correcteurs* et *réviseurs*. Et il faut encore se demander, comment un texte aussi corrompu par rapport à son original, canonique quant à lui, a pu se conserver et échapper aux grandes recensions.

Dans la seconde hypothèse, nous nous situons dans un mouvement d'élaboration littéraire *pré-canonique*. [h D G] sont les échos d'un texte qui précède la *maturité* du texte canonique. Les variantes ne sont plus de simples éléments tardifs d'information historique, mais les témoins de la genèse du texte référent ; elles nous parlent de l'Église d'avant la fixation scripturaire du *texte alexandrin*. Le modèle des deux archétypes-origines en tant que modèle *pré-canonique* se développe tout entier dans un univers *fini* dont la frontière est tracée par le *texte alexandrin*. L'*harmonisation* progressive du texte a pour limite le TA lui-même vers lequel elle tend.

Tout autre est la finalité des *révisions* dans les deux cas en présence. Dans le premier *modèle* : des *réviseurs* créatifs modifient le *texte alexandrin* et s'en éloignent. Dans le second *modèle*, les *réviseurs* s'alignent progressivement sur le *texte alexandrin*.

Si la masse des variantes est située après le TA, nos témoins, [h D G], apparaissent comme une dégénérescence du texte original, le *texte alexandrin*. Si la masse des variantes est située avant le TA, [h D G], sont les échos *"abâtardis"* du *texte occidental*. On peut voir ainsi comment se dessine l'histoire du *texte occidental* à travers le second modèle critique.

Le *texte occidental* en lui-même subit plusieurs *révisions* de nature bien différente. La première est littéraire. Elle achève la maturité du premier archétype, c'est la genèse du *texte alexandrin*, elle est l'œuvre du dernier *rédacteur* des Actes.

La seconde est textuelle, c'est, ce que M.-É. Boismard appelle la *"dégradation du texte occidental"*[48], il écrit : *"le TO a connu des formes diverses par dégradation du TO primitif"*. Traitant de ce qu'il nomme : *"une forme abâtardie du texte occidental"*, l'auteur énumère les formes diverses d'*harmonisation*. En premier lieu : *"une volonté systématique d'harmoniser le TO sur le TA"*[49], *"une volonté d'harmoniser deux passages analogues des Actes, ou deux passages qui sont étroitement liés"*[50], *"TO2 se signale aussi par des "harmonisations" sur certains passages des évangiles synoptiques"*, *" On constate enfin, dans le cas de citation de l'AT, quelques harmonisations sur le texte des Septante"*.

À la *révision créative* du premier modèle s'oppose la *révision harmonisante* du second modèle. Mais l'on sait que M.-É. Boismard doit aussi situer les variantes que l'on ne peut attribuer au TO. Parallèlement à l'*harmonisation* ou après, les *réviseurs* du premier archétype introduisent de nouvelles variantes. Ce procédé est cependant opposé à celui de l'*harmonisation* qui, lui, vise à l'alignement, c'est la question du TO2. On doit remarquer par ailleurs, que les variantes de cette nature sont en nombre restreint et correspondent à l'évolution textuelle normale d'un archétype.

La *révision* du modèle à un archétype éloigne les témoins de leur référent le TA. La *révision* par *harmonisation* tend vers une limite, le référent, le *texte alexandrin*. Le *Canon* constitue la limite vers laquelle tendent les témoins du TO[51]. Il était nécessaire de souligner cette différence de point de vue pour bien mettre en évidence que le statut de l' Écriture risque de ne pas être rigoureusement le même de l'un à l'autre modèle. Sans prétendre développer ce point de vue, il était, croyons-nous, nécessaire de le mettre en évidence.

---

48 BOISMARD M.-É. et LAMOUILLE A., *Texte occidental, I*, p. 111.

49 *Ibid.*, p.115.

50 *Ibid.*, p. 117.

51 Le deuxième modèle à évolution intra-canonique permet d'ailleurs de rejoindre E. Haulotte dans sa recherche d'un principe intratextuel du Canon. cf. : HAULOTTE E., *Formation du corpus*.

Cette *harmonisation* suppose cependant plusieurs conditions préalables. Une *harmonisation* du TO sur le TA implique qu'en premier lieu les deux textes soient parvenus à une *maturité ecclésiale* leur permettant d'entrer dans une tradition textuelle. Cela signifie qu'ils ont été *reçus*, l'un et l'autre dans les églises qui les ont véhiculés. Ceci semble massivement établi par les citations patristiques. On voit, par exemple, que le *texte occidental* était solidement attesté dans l' Église d'Afrique. Il faut ensuite imaginer un rapprochement des deux textes, seule condition possible d'une *harmonisation* de l'un sur l'autre. On constate alors, que ni le TO, ni le TA, ne sont éliminés malgré leur différence. Ces deux textes sembleraient jouir en même temps d'une autorité qui ne peut se fonder que sur l'auteur auquel ils auraient été attribués. Reste encore la question des *harmonisations* partielles du texte. Pourquoi ne pas avoir choisi entre un texte ou l'autre? Cette question sera éclairée par le développement qui fait suite.

Nous sommes ramenés à *l'énigme* du *texte occidental* et à un dilemme : il semble difficile, sinon impossible, de situer la masse des variantes après le TA et de les attribuer au *génie* créatif des *réviseurs*, mais il semble assez complexe de rendre compte du processus d'*harmonisation* qui a progressivement aligné le TO sur le TA. Il nous a donc semblé nécessaire d'entamer une enquête sur les conditions d'*harmonisation* du texte. Et la question que nous posions, dès la conclusion de notre étude sur les *doublets* des Actes, était celle de savoir, s'il était possible de dégager une sorte de principe de l'*harmonisation* d'où découleraient les témoins du *texte occidental*. En un mot il s'agissait de poser les bases du processus de l'histoire du *texte occidental*.[52]

---

[52] TAVARDON P., *Doublets et variantes de structure*, p.191.

LE PROCESSUS D'*HARMONISATION*

PRÉPARATION DES ÉCHANTILLONS

Nos trois témoins sont incomplets, nous devons donc retenir comme échantillons l'ensemble des versets communs aux trois témoins à la fois.

[h] : *Codex Floriacensis* ou *palimpseste de Fleury*[53] (témoin latin), il contient : 3:2-4:1-18 ; 5:23-7:2; 7:42-8:2; 9:4-23; 14:5-23; 17:34-18; 23:8-24; 26:20-27:13

[D] : *Codex Cantabrigiensis* ou *Codex Bezae*[54]: lacunes : 8:29-10:14; 21:2-10; 22:10-20; 23:30 jusqu'à la fin.

Mae : *Codex Glazier*[55], il comporte 1:1-15:3. (Nous rappelons que nous avons attribué le sigle [G] au *Codex Glazier*).

Ce qui donne quatre échantillons répartis comme suit :

Échantillon I : Actes 3:3-4:18 = 42 versets.
Échantillon II : Actes 5:23-7:2 = 37 versets.
Échantillon III : Actes 7:42-8:1 = 20 versets.
Échantillon IV : Actes 14:5-14:23 = 19 versets.
Soit un ensemble de 118 versets.

À cela nous ajouterons comme vérification relative aux textes latins : les citations d'Augustin dans le : *Contra epistulam manichaei*

---

[53] *Codex Floriacensis.*
[54] *Codex Bezae.*
[55] SCHENKE H.-M., *Codex Glazier.*

quam vocant Fundamenti[56] *(Fund) :* Actes 1:1-1:8 + Actes 2:1-2-13, soit 21 versets.

Les variantes du TO sont toutes relevées avec précision dans *"l'Apparat critique"*[57] de M.-É. Boismard et A. Lamouille. Nos tableaux sont constitués comme suit :

La première colonne : RÉF., indique le chapitre et le verset, plus une lettre (a, b, c...) donnant la place de la variante dans la rubrique du *catalogue*. Si la variante présente deux ou plusieurs états, elle est notée a1 a2.. a3. (Ce qui correspond aux parenthèses du catalogue). Ainsi pour 3:3, nous avons 3:3 a1 : [ουτος ατενισας...αυτου] et a2 : [ουτος]

La deuxième colonne donne la variante elle-même.

La troisième colonne indique le signe [+] pour les variantes positives, [-] pour les variantes négatives, [//] pour les substitutions, [~] pour les mutations.

Les colonnes, quatrième, cinquième et sixième, se rapportent successivement aux trois témoins [h], [D] et Mae noté [G] (*Codex Glazier).* Lorsque la variante est attestée par le témoin, elle est indiquée par sa lettre. Ainsi, pour reprendre l'exemple de 3:3 : [ουτος ατενισας...αυτου] est attesté par [D], [h] et [G], la variante est [h D G]. Si la variante ne figure pas dans le témoin, son absence est indiquée par le symbole : [Ø] (ensemble vide). Ainsi 3:3d [εις το ιερον] n'est attesté ni par [h] ni par [D] ni par [G], mais nous connaissons l'existence de cette variante par Chrysostome (Chr.3) et par la version Éthiopienne, (Eth.3). Nous noterons [-][εις το ιερον] [Ø Ø Ø].

La septième colonne se rapporte aux résultats de la critique littéraire et textuelle du catalogue.

TO pour les variantes attribuées au *texte occidental.*

TO2, pour les variantes classées dans cette catégorie pas M.-É. Boismard.

VTO (variante du TO) s'applique aux variantes présentant plusieurs états. Ainsi pour 3:3, 3:3a2 : [ουτος] qui constitue une partie de la variante a1 [ουτος ατενισας...αυτου] sera noté VTO et éliminée du calcul statistique du TO. Les *varia* seront notées V. Les variantes propres à [D] et ne relevant pas du *texte occidental* seront notées : XD.

La huitième et neuvième colonne indiquent la *figure* de la variantes, selon ce qui a été explicité plus haut, elles sont présentées ici au moyen d'un code à trois chiffres.

---

56 *Augustin, Contra epistolam manichaei.*Voir BOISMARD M.-É. et LAMOUILLE A., *Texte occidental,I*, p. 51.

57 BOISMARD M.-É. et LAMOUILLE A., *Texte occidental, II.*

1	1.1.1	h	D	G
5	2.1.1	h	D	Ø
7	2.2.1	h	Ø	G
2	1.2.1	Ø	D	G
3	1.2.1	h	Ø	Ø
6	2.1.2	Ø	D	Ø
7	2.2.2	Ø	Ø	G
4	1.2.2	Ø	Ø	Ø

TABLEAU DES HUIT FIGURES RELATIONNELLES DES TÉMOINS [h] [D] [G]

1.1.1 : Figure [1] : Dans cette première figure [D] et [G] soutiennent ensemble le TO et [h] atteste la variante.

1.2.1 : Figure [2] : [D] et [G] soutiennent ensemble le TO, mais [h] n'atteste pas la variante.

1.2.1 : Figure [3] : [D] et [G] soutiennent ensemble le TA, mais [h] atteste la variante.

1.2.2 : Figure [4] : [D] et [G]soutiennent le TA et [h] n'atteste pas la variante (elle est attestée par d'autres témoins que [h] [D] [G])

2.1.1 Figure [5] : [D] soutient le TO et [G] le TA, [h] atteste la variante.

2.1.2 Figure [6] : [D] soutient le TO et [G] soutient le TA, [h] n'atteste pas la variante.

2.2.1 : Figure [7] : [D] soutient le TA et [G] soutient le TO, [h] atteste la variante.

2.2.2 : Figure [8] : [D] soutient le TA et [G] soutient le TO, [h] n'atteste pas la variante.

Les quatre échantillons sont donnés intégralement en fin de volume, le classement est celui de l'ordre des variantes. en TO, TO2, VTO, XD.

LE COEFFICIENT D'HARMONISATION : H%
CODEX DE FLEURY [h], CODEX BEZAE [D], CODEX GLAZIER [G]

Les quatre échantillons une fois préparés, nous évaluons le nombre des variantes selon l'un et l'autre modèle.

A : selon le modèle à un archétype-origine.

B : selon le modèle à deux archétypes-origines.

A- Évaluation selon le modèle à un archétype-origine

Nous faisons figurer successivement dans chaque tableau les éléments suivants : (un tableau par témoin).

Total des variantes : le total des variantes pour chaque échantillon intègre ; les variantes classées TO, TO2 et XD. Toutes ces différenciations n'apparaissant pas dans le modèle à un archétype, c'est donc la totalité des variantes telles qu'elles se présentent que nous comptabilisons..

TO : Total des variantes où le témoin soutient le *texte occidental*.

TO2 : Total des variantes du témoin, classées sous cette rubrique dans *l'Apparat critique* de M.-É. Boismard.

XD : Il s'agit des variantes propres à la tradition textuelle du *Codex Bezae*.

Variantes attestées : Somme des variantes attestées dans le témoin.

V% : Ce coefficient que nous appelons *coefficient de variance* donne le rapport des variantes attestées dans le témoin sur la somme des variantes attestées dans les trois témoins.

B- Évaluation selon le modèle à deux archétypes-origines

Comme cela a été maintes fois précisé, les statistiques portent dans ce second cas, uniquement sur les variantes classées TO. (TO2 et XD ont été retirés, il ne s'agit pas de variantes littéraires, mais de variantes textuelles apparues après le TA). Nous appliquons la relation mise en évidence dans les pages qui précèdent :

Σ (T) = Σ (Ø)h + Σ (h) soit Σ **(Ø)h** = Σ **(T) - Σ (h)**

Total des variantes : Σ (T) = La somme totale des variantes relevées dans tous les témoins et non simplement dans [h], [D], et [G].

Variantes attestées : Σ (h) = La somme des variantes attestées dans le témoin [h], nous aurons ainsi : Σ (h), Σ (D), Σ (G).

Variantes *harmonisées* : Σ (Ø)h : somme des variantes *harmonisées* dans le témoin [h], nous aurons de même : Σ (Ø)D, Σ (Ø)G.

V% = Coefficient de variance = Rapport entre la somme des variantes attestées dans le témoin sur la somme totale des variantes attestées dans tous les témoins.

H% = Coefficient d'*harmonisation*, rapport des variantes *harmonisées* dans le témoin sur la somme totale des variantes attestées dans tous les témoins. Ce coefficient est important dans notre enquête, il permettra le classement des textes selon leur *harmonisation* sur le TA.

$H\%(h) = \Sigma\,(\varnothing)h\,/\,\Sigma\,(T),\ H\%(D) = \Sigma\,(\varnothing)D\,/\,\Sigma\,(T),\ H\%(G) = \Sigma\,(\varnothing)G\,/\,\Sigma\,(T).$

CODEX DE FLEURY [h]

Évaluation selon le modèle à un archétype-origine (TA)

ÉCHANTILLONS	RÉFÉRENCES	VERSETS	TOTAL DES VARIANTES	TO	TO2	XD	TO + TO2	V%
I	3:3-4:18	42	166	97	7		104	62,6
II	5:23-7:2	37	142	74	8		82	57,7
III	7:42-8:1	20	47	24	1		25	53,2
IV	7:42-23	19	80	45	3		48	60,0
TOTAL		118	435	240	19		259	59,5

Évaluation selon le modèle à deux archétypes-origines (TA-TO)

ÉCHANTILLONS	RÉFÉRENCES	VERSETS	TOTAL DES VARIANTES	VARIANTES ATTESTÉES	VARIANTES HARMONISÉES	V%	H%
I	3:3-4:18	42	150	97	53	64,7	35,3
II	5:23-7:2	37	112	74	38	66,7	33,9
III	7:42-8:1	20	39	24	15	61,5	38,5
IV	14:5-23	19	68	45	23	66,2	33,8
TOTAL		118	369	240	129	65,0	35,0

CODEX BEZAE [D]

Évaluation selon le modèle à un archétype-origine (TA)

ÉCHANTILLONS	RÉFÉRENCES	VERSETS	TOTAL DES VARIANTES	TO	TO2	XD	TO + T02+XD	V%
I	3:3-4:18	42	166	62	19	9	90	54,2
II	5:23-7:2	37	142	38	20	5	63	44,4
III	7:42-8:1	20	47	18	8	3	29	61,7
IV	7:42-23	19	80	39	7	3	49	61,5
TOTAL			118	435	157	54	20	231	53,1

Évaluation selon le modèle à deux archétypes-origines (TA-TO)

ÉCHANTILLONS	RÉFÉRENCES	VERSETS	TOTAL DES VARIANTES	VARIANTES ATTESTÉES	VARIANTES HARMONISÉES	V%	H%
I	3:3-4:18	42	150	62	88	41,3	58,7
II	5:23-7:2	37	112	38	74	33,9	66,1
III	7:42-8:1	20	39	18	21	46,2	53,9
IV	14:5-23	19	68	39	29	57,4	42,6
TOTAL		118	**369**	**157**	**212**	**42,6**	**57,4**

CODEX GLAZIER [G]

Évaluation selon le modèle à un archétype-origine (TA)

ÉCHANTILLONS	RÉFÉRENCES	VERSETS	TOTAL DES VARIANTES	TO	TO2	XD	TO + TO2+XD	V%
I	3:3-4:18	42	166	55	8		63	37,9
II	5:23-7:2	37	142	39	17		56	39,4
III	7:42-8:1	20	47	10	4		14	29,8
IV	7:42-23	19	80	26	4		30	37,5
TOTAL		118	**435**	**130**	**33**		**163**	**37,5**

Évaluation selon le modèle à deux archétypes-origines (TA-TO)

ÉCHANTILLON	RÉFÉRENCES	VERSETS	TOTAL DES VARIANTES	VARIANTES ATTESTÉES	VARIANTES HARMONISÉES	V%	H%
I	3:3-4:18	42	150	55	95	36,7	63,3
II	5:23-7:2	37	112	39	73	34,8	65,2
III	7:42-8:1	20	39	10	29	25,6	74,4
IV	7:42-23	19	68	26	42	38,2	61,8
TOTAL		118	**369**	**130**	**239**	**35,2**	**64,8**

COMMENTAIRE DES RÉSULTATS OBTENUS

Modèle à un archétype-origine

Nous procédons de la même manière qu'un *critique* pour qui le texte alexandrin est l'unique archétype dont dérivent l'ensemble des textes y compris la tradition occidentale. Nous relèverons en premier lieu les coefficients de variance (V%) pour chacun des trois témoins : V%(h) = 59,5, V%(D) = 53,1, V%(G) = 37,5. Selon ce modèle, les trois témoins dérivent du *texte alexandrin* par *corruption* progressive sous l'action des *copistes* et des *réviseurs*. Le critique conclura que le *Codex de Fleury* [h] avec V%(h) = 59,5 constitue le témoin le moins fidèle à son archétype-origine, celui où les *copistes* et les *correcteurs* ont fait le plus de corrections. Viendrait ensuite le *Codex Bezae* avec V%(D) = 53,1 et enfin le *Codex Glazier* avec V%(G) = 37,5 qui apparaît dans cette hypothèse le texte le moins perturbé et le plus fiable.

Modèle à deux archétypes-origines

Dans le second modèle, nous relevons les coefficients d'*harmonisation* : H%(h) = 35, H%(D) = 57,4, H%(G) = 64,8 (les coefficients de variance étant respectivement de V%(h) = 65, V%(D) = 42,6 et V%(G) = 35,2). Dans l'optique du second modèle, nos trois textes constituent trois témoins du premier archétype-origine : le *texte occidental*. (Plus le coefficient d'*harmonisation* est faible, plus le témoin est fidèle). Le *Codex de Fleury* [h] apparaît de très loin, comme le meilleur témoin, avec seulement H%(h) = 35. Suivent bien après, le *Codex Bezae* H%(D) = 57,4 et enfin le *Codex Glazier* avec H%(G) = 64,8.

Nous voyons mieux maintenant comment se dessinent les deux interprétations en présence avec leur difficultés inhérentes.

Le premier modèle se présente avec un total général de 435 variantes (tout confondu) pour 118 versets, il lui faut en rendre compte uniquement à partir de la volonté des scribes et *correcteurs* de retoucher un texte dans le but de l'améliorer. La densité de 3,7 variantes par verset constitue une masse énorme de corrections qui laisse rêveur sur la conception de l'Écriture de ces *correcteurs*. Il ne s'agit pas dans ce cas des retouches dont pourrait rendre compte la conception des *révisions créatives*, mais d'un travail difficilement justifiable par la seule critique textuelle.

Le second modèle, quant à lui, doit rendre compte de l'alignement sur le *texte alexandrin*. 129 *harmonisations* pour le *Codex de Fleury* (129 [Ø]/ 369), 212 pour le *Codex Bezae* (212 [Ø]/ 369) et enfin 239 pour le *Codex Glazier* (239 [Ø]/ 369). (On lira : 129 [Ø]/ 369, 129 *harmonisations* sur 369 variantes).

La partie purement intentionnelle (variantes textuelles du TO2) de nos trois témoins au niveau de l'évolution textuelle se réduit alors à des limites parfaitement acceptables. L'évolution d'un texte selon les critères de M.-J. Lagrange peut alors en rendre compte : 19 variantes TO2 au niveau de [h], mais 33 au niveau de [G] et enfin 54 (plus 20) au niveau du *Codex de Bezae*. (Nous parlons toujours en fonction de nos échantillons)

Ici s'impose une remarque concernant le *Codex Bezae*. On peut en effet y cataloguer 54 variantes TO2, plus 20 propres à la tradition de [D], ce qui fait 74 variantes qui doivent être distinguées avec soin des 157 du TO dont [D] est témoin. Nous savons que la majeure partie des études consacrées à la question du *texte occidental* parlent du *Codex Bezae* comme si la question du *texte occidental* était la même que celle du *Codex Bezae*. Or cette ambiguïté prend racine dans le décompte que nous venons de donner. On comprendra qu'avec 157 variantes (pour l'échantillon) représentant le TO, [D] est un mauvais témoin par rapport à [h] qui en comporte 240 (soit 83 de plus pour 118 versets) Mais quand [h] donne 19 variantes TO2 et [G] 33, le *Codex Bezae* arrive bien devant avec ses 74 variantes textuelles. Faute de ne pas avoir opéré ces distinctions préalables capitales (TO-TO2), les défenseurs comme les opposants de l'antériorité du *texte occidental* font entrer ces variantes textuelles dans le débat. Or ces variantes sont quant à elles, postérieures au TO et au TA. (Le *Codex Bezae,* comme [h] et [G], atteste de variantes antérieures au TA et de variantes postérieures). La question du *texte occidental* du *Codex Bezae* (pour cet échantillon) porte uniquement sur nos 157 variantes classées TO. Dès lors, nous voyons bien que [D] est loin de constituer un témoin de la qualité du *Codex de Fleury.*

Une dernière question méritera notre attention. Nous donnons nos résultats, échantillon par échantillon, puis pour les quatre pris ensemble avec chaque fois des moyennes générales. Il est intéressant de s'arrêter à la question de l'homogénéité des résultats obtenus. On constatera que pour [D] et [G] (évaluation selon le modèle à deux archétypes), le coefficient d'*harmonisation* H% pour chaque échantillon présente des écarts importants quant à la moyenne des quatre, cela peut aller jusqu'à un écart de 14,8 pour [D] (42,6 - 57,4) et de 9,6 pour [G] (74,4 - 64,8), or, en ce qui concerne : [h], le coefficient d'*harmonisation* se révèle assez homogène. Le *Codex de Fleury* offre des écarts bien plus faibles de : (1,2 ; -4,5; 1,1; -0,3). Cette régularité du rapport pose question. Rappelons que le coefficient H% est le rapport des variantes *harmonisées* sur la totalité des variantes (tous témoins compris). Retenons simplement cette homogénéité ; elle sera susceptible d'une interprétation à la fin de cette étude.

Pour continuer dans ce sens et montrer l'avantage d'un coefficient d'*harmonisation* dans le classement des textes, nous avons opéré les mêmes relevés, calculs et statistiques pour le texte d'Augustin : *Contra epistulam manichaei quam vocant Fundamenti* où l'auteur cite intégralement Actes 1:1-8 et Actes 2:1-13 soit 21 versets.(Le texte est marqué par le sigle *Fund* par M.-É. Boismard et A. Lamouille), nous donnons les résultats concernant l'échantillon *Fund*.

ÉCHANTILLONS	RÉFÉRENCES	VERSETS	TOTAL DES VARIANTES	VARIANTES ATTESTÉES	VARIANTES HARMONISÉES	V%	H%
Fund	1:1-8 2:1-13	21	72	45	27	62,5	37,5
D	1:1-8 2:1-13	21	72	26	46	36,1	63,9
G	1:1-8 2:1-13	21	72	16	56	22,2	77,8

ÉVALUATION DU TEXTE D'AUGUSTIN FUND SELON LE MODÈLE À DEUX ARCHÉTYPES

Nous constatons que l'ordre de classement des *harmonisations* reste le même. *Fund* le texte latin est le moins *harmonisé*, suivi de [D] puis de [G]. Cependant les résultats de [D] et [G] présentent la même non-homogénéité que pour les témoins précédants, alors que *Fund* avec H% = 37,5, reste très proche du *Codex de Fleury* (I : 35,3; II : 33,9; III : 38,5; IV : 33,8). Aussi, sommes-nous portés à penser que ce coefficient d'*harmonisation* permet une bonne première approximation de classement des textes. Nous pouvons, par ces chiffres, affirmer le lien étroit du *Codex de Fleury* et du texte qu'utilise Augustin. M.-É. Boismard rattache les deux textes à ce qu'il nomme l'archétype C dont il dit : *"L'archétype C fut composé en Afrique vers les années 220-230. Il n'est pas traduit directement du grec, mais donne le texte de l'archétype T révisé en fonction de l'archétype R utilisé par Cyprien "*[58]. et plus haut : *" L'archétype T fut traduit en Afrique à la fin du second siècle ou au début du troisième sur un texte grec de forme mixte TO/TA. utilisé par Tertullien"*. C'est donc bien ce *texte mixte* qui est attesté par [h] et *Fund* et vers lequel il nous faudra remonter.

---

[58] BOISMARD M.-É. et LAMOUILLE A., *Texte occidental, I,* p.65.

SIGNES ET OPÉRANTS
CLASSEMENT ET COMMENTAIRE

Après l'inventaire des *harmonisations*, nous entreprenons le classement des variantes en fonction des signes. De la même manière que précédemment, nous réaliserons pour chacun des témoins deux formes d'analyses, l'une A : selon le modèle à un archétype-origine ; l'autre, B : selon le modèle à deux archétypes-origines

LE CODEX DE FLEURY [h]

Évaluation selon le modèle à un archétype-origine (TA)

Comme pour l'inventaire des variantes, dans le cas du premier modèle, la distinction TO, TO2 n'intervient pas, il suffit de classer les 259 variantes attestées par [h]. Nous ajoutons les variantes TO2 au variantes TO du tableau de la page. 33 et nous obtenons le tableau ci-dessous :

ÉCHANTILLONS	+	-	//	~	TOTAL
I	28	30	33	6	97
TO2	2		5		7
II	31	12	30	1	74
TO2	5	2		1	8

III	10	3	8	3	24
TO2	1				1
IV	13	10	16	6	45
TO2	3				3
TOTAL	93	57	92	17	**259**

Évaluation selon le modèle à deux archétypes-origines (TO-TA)

Nous ne retenons que les variantes du *texte occidental* (Variantes classées TO). Nous appliquons la distinction : variantes attestées [⊕] variantes harmonisées [Ø] (ce qui revient à la distinction ; [h] soutient le TO, [h] soutient le TA.). On comptabilise de la sorte, les variantes selon les signes dans l'un et l'autre cas. Une ligne intitulée [TOTAL], donne la somme des [+], [-]; [//] et [~]. Enfin une dernière ligne donne un pourcentage, il s'agit pour un signe donné, du rapport des variantes harmonisées sur la totalité des variantes du même signe. Ceci permet de définir que sur [X] variantes [+], [n] ont été harmonisées ou soutiennent le TA. Ce coefficient d'*harmonisation* relatif au signe de la variable nous le nommons : H[Q]% = Coefficient qualitatif d'*harmonisation*.
Ex : Échantillon I, variantes [+] = 28 attestées [⊕], 5 harmonisées Ø, Total : 33. Le coefficient d'*harmonisation* qualitatif H[Q]% est de : 5/33 % soit : 15,15%.

ÉCHANTILLONS				
I	+	-	//	~
⊕	28	30	33	6
Ø	5	30	17	1
TOTAL : 97	33	60	50	7
H[Q]%	15,15	50,00	34,00	14,29
II	+	-	//	~
⊕	31	12	30	1
Ø	5	15	14	4
TOTAL : 74	36	27	44	5
H[Q]%.	13,9	55,6	31,8	80,0
III	+	-	//	~
⊕	10	3	8	3
Ø	1	6	8	0

TOTAL : 24	11	9	16	3	
H[Q]%	9,1	66,7	50,0	0	
IV	+	-	//	~	
⊕	13	10	16	6	
Ø	0	4	18	1	
TOTAL: 45	13	14	34	7	
H[Q]%	0	28,6	52,9	14,3	
MOYENNE	+	-	//	~	
⊕	82	55	87	16	**240**
Ø	11	55	57	6	**129**
TOTAL	93	110	144	22	**369**
H[Q]%	**11,8**	**50,0**	**39,6**	**27,3**	

Commentaire des résultats obtenus

Nous nous sommes déjà expliqués sur la distinction des signes et des opérants dans le premier modèle, nous savons que signes et opérants se correspondent. À un signe positif [+] correspond un opérant additif [↓] et à un signe [-] un opérant d'omission [↑]. Pour les 259 variantes, il faudrait donc rendre compte de 93 additions et de 57 omissions. Une fois les additions expliquées par des *gloses* resteraient les 57 omissions. Il suffit de regarder le texte en détail, tant pour les additions que pour les omissions pour comprendre que le modèle est inadéquat à représenter le réel. Les variantes longues ne sont pas des *gloses* du *texte alexandrin* ni les variantes courtes des omissions, comme nous l'avons déjà amplement montré.

Avec le second modèle, le tableau des résultats est bien plus expressif. Pour nos échantillons sur un total de 369 variantes, le *Codex de Fleury* témoigne de 240 variantes du *texte occidental*, mais il suit le *texte alexandrin* pour 129 cas. La répartition selon les signes est particulièrement intéressante.

En ce qui concerne les variantes attestées nous avons : 82 positives, 55 négatives et 57 substitutions. Nous avons montré que dans le second modèle signes et opérants s'opposent. Aux 82 [+] correspondent 82 [↑] (omissions) et aux 55 [-] correspondent 55 [↓] (additions). Notre première remarque sera de confirmer que le *texte occidental* est plus court que le *texte alexandrin*. 82 omissions [↑] pour seulement 55 additions [↓]. Ce seront 240 variantes qui pourront être expliquées par la seule critique littéraire. Additions, omissions et substitutions répondent à des critères stylistiques de remise en ordre du *texte occidental* en vue du *texte alexandrin*, (sans vouloir, pour autant, méconnaître les critères théologiques).

Reste à expliquer les 129 accords avec le *texte alexandrin* ou 129 *harmonisations*. Il s'agit de l'évolution textuelle du TO. On notera aussitôt comme un élément important la grande disproportion qu'il existe entre les variantes positives et les variantes négatives. 11[+] contre 55 [-], (un rapport de 1 à 5). Le *réviseur* ou *l'harmonisateur* aurait omis 11 expressions, mais en revanche il aurait ajouté 55 expressions faisant défaut dans son texte. On notera que cette disproportion se maintient pour les quatre échantillons : L'échantillon [I] donne pour les variantes où [h] est en accord avec le *texte alexandrin* : 5 [+] pour 30[-], [II] donne 5 contre 15, [III] donne 1 contre 6 et [IV], 0 contre 4.

Ce premier rapport doit être rapproché d'un second tout aussi important. Il s'agit des coefficients qualitatifs d'*harmonisation* des variantes négatives : H[Q]% [-], on note qu'ils gravitent autour d'une moyenne générale de 50%. Ce chiffre doit lui aussi nous arrêter, le *réviseur* qui complète les expressions manquantes de son texte le fait dans un rapport de 50%.

À ce premier niveau de l'analyse, nous pouvons dire que l'*harmonisation* de [h] porte essentiellement sur les expressions manquantes et que le *réviseur* complète ses manques dans une proportion de 50%. Les variantes de substitution semblent suivre le même rythme. (Nous aurons l'occasion de revenir sur la distribution des expressions manquantes).

Nous estimons maintenant pouvoir préciser l'analyse du chapitre précédant[59]. Nous parlions de l'homogénéité du coefficient d'*harmonisation* H%, dans les quatre échantillons de [h], homogénéité qui se trouve être confirmée par le texte d'Augustin : *Fund*. Cette homogénéité trouve, à notre avis, son fondement dans les constantes que nous venons d'énumérer : peu ou pas d'*harmonisation* des variantes positives et *harmonisation* régulière et pratiquement aléatoire des manques et des substitutions.

Il nous reste encore à réaliser le même travail sur le texte d'Augustin afin de voir s'il confirme ou infirme les conclusions concernant [h].

---

[59] Cf. p. 36.

FUND	+	-	//	~	
⊕	12	15	15	3	45
Ø	1	14	11	1	27
TOTAL: 45	13	29	26	4	72
H[Q]%	7,7	48	42,3	2	

Nous constatons que de la même manière qu'en [h] les variantes positives ne sont pratiquement pas corrigées ; le *réviseur* n'omet pas des expressions qui ne figurent pourtant pas dans le *texte alexandrin*. Il se refuse à le suivre sur ce point. En ce qui concerne les variantes négatives et les substitutions, nous relevons la même tendance à compléter de manière aléatoire. C'est ce que soutiennent les valeurs des coefficients qualitatifs d'*harmonisation* H[Q]% = 48% et = 42%. Cela nous semble confirmer les principes du développement textuel de l'archétype du *Codex de Fleury* et du texte d'Augustin, tout deux très bons témoins du *texte occidental* surtout dans des variantes positives presque toujours conservées. Ces résultats devront être repris quand nous analyserons les étapes de l'*harmonisation* et les états du *texte occidental*.

LE CODEX BEZAE [D]

Évaluation selon le modèle à un archétype-origine (TA)

Pour le premier modèle, la distinction TO, TO2 n'intervient pas, il suffit de classer les 259 variantes attestées par [D], aussi ajoutons-nous les variantes classées TO2 et dans le cas de [D] les variantes propres à sa tradition. Le tableau que nous obtenons selon le premier modèle constitue l'inventaire que pourrait obtenir un *critique* n'établissant de distinction entre variantes littéraires et textuelles..

ÉCHANTILLONS	+	-	//	~	TOTAL
I	17	16	26	3	62
TO2	6	4	9		19
D	3	1	5		9
II	17	3	16	2	38
TO2	10	1	7	2	20
D	1	1	3		5

III	6	2	7	3	18
TO2	4		4		8
D			3		3
IV	5	8	22	4	39
TO2	4	3			7
D			3		3
TOTAL	73	39	105	14	231

On relève en premier lieu le nombre largement dominant de variantes positives qui sont toutes des additions [↓] dans le premier modèle qui fait de [D] une *dérive* du TA. Ce sont ces variantes positives qui ont alimenté l'hypothèse erronée des *gloses* et du texte long. Qui plus est, la question du *texte occidental* est liée pour beaucoup à la question du *Codex Bezae*. Et M.-J. Lagrange présentant le groupe [D] n'hésite pas à écrire : *"Le manuscrit D est incontestablement le meilleur représentant et le plus complet du type"*[60]. Pourquoi *"le plus complet"*, sinon à cause du grand nombre de variantes propres à ce *Codex*, mais qui précisément n'attestent pas le *texte occidental*. (Variantes classées TO2 mais surtout variantes classées XD[61], 20 pour nos quatre échantillons).

Le nombre plus faible de variantes négatives permet alors de justifier l'hypothèse du *glossateur*. Mais malgré tout, cette interprétation à contresens ne peut rendre compte des omissions, comme nous l'avons déjà dit : *"Après les additions, les omissions. D ne serait pas une recension réfléchie, s'il n'avait poursuivi son bout par des omissions aussi bien que par des additions. À la vérité dans les Actes elles sont beaucoup moins dans sa manière que dans les évangiles. Quelques-unes ne s'expliquent guère"*[62].

Que les variantes négatives soient en nombre nettement plus faible nous parait maintenant normal si nous nous plaçons dans l'optique du second modèle d'interprétation. L'*harmonisation* s'est déjà concentrée presque uniquement sur cette catégorie de variantes : 50%, aussi c'est en faible nombre que nous les retrouvons au niveau du *Codex Bezae* qui constitue une évolution textuelle postérieure à l'archétype de [h] comme nous l'établirons.

---

[60] LAGRANGE M.-J., *Critique textuelle*, p. 309.

[61] Variantes propres à la tradition du *Codex Bezae*.

[62] LAGRANGE M.-J., *Critique textuelle*, p.397.

Évaluation selon le modèle à deux archétypes-origine (TO-TA)

ÉCHANTILLONS					
I	+	-	//	~	
⊕	17	16	26	3	
Ø	16	44	24	4	
TOTAL : 62	33	60	50	7	
H[Q]%	48,5	73,3	48	57,1	
II	+	-	//	~	
⊕	17	3	16	2	
Ø	19	24	28	3	
TOTAL : 38	36	27	44	5	
H[Q]%.	52,8	88,9	63,6	60	
III	+	-	//	~	
⊕	6	2	7	3	
Ø	5	7	9	0	
TOTAL : 18	11	9	16	3	
H[Q]%	45,5	77,8	56,3	0	
IV	+	-	//	~	
⊕	5	8	22	4	
Ø	8	6	12	3	
TOTAL: 39	13	14	34	7	
H[Q]%	61,5	42,9	35,3	42,9	
MOYENNE	+	-	//	~	
⊕	45	29	71	12	**157**
Ø	48	81	73	10	**212**
TOTAL	93	110	144	22	**369**
H[Q]%	**51,6**	**73,6**	**50,7**	**45,5**	

L'évaluation selon le second modèle est infiniment plus claire. Avec 212 variantes harmonisées pour nos échantillons, le *Codex Bezae* vient bien après le *Codex de Fleury*, en tant que témoin du *texte occidental*. (Rappelons que [h] harmonisait 129 variantes).

On remarquera cependant que nous ne retrouvons plus l'homogénéité des témoins [I, II, III et IV] en ce qui concerne les coefficients qualitatifs d'*harmonisation* H[Q]%. (Les coefficients sont assez irréguliers d'un témoin à l'autre et par rapport à la moyenne générale). Nous avions vu, que le *réviseur* de [h] se refusait à l'omission des expressions positives en revanche 50% des variantes négatives disparaissaient par alignement sur le TA. Il suffit de concevoir dans le cas de [D] la simple continuation du processus. Le *réviseur* entreprend la suppression des variantes positives et il comble les expressions manquantes qui ne l'ont pas encore été par ses prédécesseurs. Ainsi avec l'archétype du *Codex de Fleury* 82 variantes positives subsistaient sur les 93 totalisées. Avec [D] il n'en subsiste plus que 45, c'est un total de 37 variantes qui a disparu d'un témoin à l'autre. Pour les variantes négatives [h] en conservait encore 55 après en avoir comblé 55, [D] n'en conserve plus que 29, c'est un total de 26 corrections qui a lieu entre les deux états.

Comment se font ces *harmonisations* ? Nous avons tenté de décrire le phénomène dans l'échantillon I, mais nous en rendrons compte totalement dans notre dernière partie, traitant de la *transmission* des variantes et des *harmonisations*.

Harmonisation des variantes positives

Nous procédons de la sorte : nous traitons ensemble toutes les variantes positives de l'échantillon I (soit un total de 33 variantes [+]) 17 attestent le TO, 16 sont harmonisées). Le tableau qui fait suite donne les variantes positives de l'échantillon I, dans l'ordre du texte. Nous avons intitulé ce tableau : *topographie des harmonisations* des variantes positives de [D]. En ce sens nous indiquons *les lieux* des variantes. À la septième colonne, le fond gris correspond à [D] = [Ø], [D] harmonisé, à la huitième et neuvième colonne, un trait épais sépare les versets.
Ex : 3:06b est harmonisée. Le trait épais sépare 3:05, 3:06:3:07.
Le *réviseur* hérite d'un texte pratiquement pas harmonisé en ce qui concerne les variantes positives, un texte émanant très certainement d'un archétype commun au *Codex de Fleury*. Nous nous trouvons devant un processus d'*harmonisation* qui procède par *blocs* de phrases. Il semblerait que le *réviseur* ou les *réviseurs* successifs (en ce qui concerne les variantes positives), soit harmonisent toute la phrase sur le *texte alexandrin*, soit conservent toute la phrase en l'état. Ainsi dans une phrase, le *réviseur* supprimera tout ce qu'il ne retrouve pas dans le TA, mais dans une autre, il conservera son texte. Cependant, sauf exception, il hésite à supprimer les variantes constituant des expressions de plusieurs termes. Ainsi il maintient :
3:03a [ουτος ατενισας τοις οφθαλμοις αυτου]
et 3:11a [εκπορευομενου δε του πετρου και ιωαννου].

Si nous examinons en détail les suites d'*harmonisations*, nous pouvons relever qu' en **3 :** 3, 7, 11, 12, 16, 17, 18 et **4 :** 1, 8,9 ; *le réviseur* conserve les variantes positives, même si comme en 3:17 nous en avons trois à la suite. En revanche, en **3 :** 6, 8,10, 14, 20, 22, **4 :** 1, 10, 13, 15,17,18, il se range sur le *texte alexandrin*. Nous avons noté le seul cas de 4:14 où une variante positive est harmonisée 4:14b [ασθενη] et non pas la suivante 4:14f [ποιησαι].Comme nous le disions au début de ce développement, nous donnons un tableau illustrant ce processus. Les variantes harmonisées portent l'indication TO sur fond gris. On remarquera facilement cette *harmonisation* en séries ou en *blocs* des variantes positives.

RÉF.	VARIANTES		SIGNES ET TÉMOINS			TEXTES ET FIGURES		
3.03 a	ουτος ατενισας...αυτου	+	h	D	G	TO	1	1.1.1
3:03 f	αυτους	+	h	D	Ø	TO	2	2.1.1
3:06 b	προς αυτον	+	h	Ø	Ø	TO	4	1.2.1
3:07 c	και	+	h	D	Ø	TO	2	2.1.1
3:07 d	εσταθη και	+	h	D	G	TO	1	1.1.1
3:08 b	χαιρων	+	h	Ø	G	TO	3	2.2.1
3:10 d	παντες	+	h	Ø	Ø	TO	4	1.2.1
3:11 a	εκπορευομενου...κρατων αυτους.	+	h	D	G	TO	1	1.1.1
3:11 b	οι δε θαμβηθεντες εστησαν	+	Ø	D	G	TO	5	1.1.2
3:12 c	αυτους	+	Ø	D	G	TO	5	1.1.2
3:12 j	τουτο	+	Ø	D	G	TO	5	1.1.2
3:14 b	ζην και	+	h	Ø	Ø	TO	4	1.2.1
3:16 a	επι	+	h	D	G	TO	1	1.1.1
3:16 d	οτι	+	Ø	D	Ø	TO	6	2.1.2
3:17 b	ανδρες	+	h	D	G	TO	1	1.1.1
3:17 d	υμεις μεν	+	h	D	Ø	TO	2	2.1.1
3:17 e1	πονηρον	+	h	D	G	TO	1	1.1.1
3:18 b	και	+	h	Ø	Ø	TO	4	1.2.1
3:20 b1	υμιν	+	h	Ø	G	TO	3	2.2.1
3:22 a1	προς τους πατερας	+	Ø	Ø	Ø	TO	8	1.2.2
4:01 a	τα ρηματα ταυτα	+	h	D	Ø	TO	2	2.1.1
4:04 d	εις	+	h	Ø	Ø	TO	4	1.2.1
4:08 b	του ισραηλ	+	h	D	G	TO	1	1.1.1
4:09 c	αφ' υμων	+	h	D	G	TO	1	1.1.1
4:10 c1	εν αλλω δε ουδενι	+	h	Ø	G	TO	3	2.2.1
4:13 b	παντες	+	h	Ø	G	TO	3	2.2.1
4:13 f1	τινες δε εξ αυτων	+	h	Ø	G	TO	3	2.2.1

4:14 b	ασθενη	+	h	Ø	G	TO	3	2.2.1
4:14 f	ποιησαι η	+	h	D	Ø	TO	2	2.1.1
4:15 a1	τοτε	+	h	Ø	G	TO	3	2.2.1
4:15 a2	συνελαλουν	+	h	Ø	G	TO	3	2.2.1
4:17 a1	τα ρηματα ταυτα	+	h	Ø	G	TO	3	2.2.1
4:18 a1	συνκατατιθ. δε παντων τη γνω	+	h	Ø	G	TO	3	2.2.1

TOPOGRAPHIE DES *HARMONISATIONS* DES VARIANTES [+]

CODEX BEZAE ÉCHANTILLON I

Harmonisations des variantes négatives

C'est assez massivement que [D] comble les manques de son
texte. Il suffit de regarder le tableau qui fait suite pour voir apparaître et
saisir le processus de *révision*. (Topographie des *harmonisations* des
variantes [-]). Nous avons classé les variantes négatives de l'échantillon
I de la même manière que précédemment nous l'avions fait pour les variantes positives. Pour un total de 60 variantes, 16 attestent le *texte
occidental* mais 44 sont harmonisées. Nous verrons plus en détail la
question de la transmission des variantes et des *harmonisations* dans la
partie suivante où nous traiterons des *figures* (relations entre témoins).

Cependant nous pouvons déjà constater que le *réviseur* entérine et
complète les *harmonisations* de [h]. Prenons l'exemple de 4:3 pour il-
lustrer la méthode et le tableau qui fait suite. 4:3 b : [τας χειρας] est
attesté par [h], figure : [hØ Ø], [D] l'harmonise.

4:3d : [εις την αυριον] et 4:3 f1 sont déjà harmonisés par [h],
figure :. Dans ce cas [D] harmonise en série 4:4 a : [τον λογον], 4:4 c :
[ως] et 4:5c : [εγενετο δε][h Ø Ø] Le tableau suivant donne l'ensemble des *harmonisations* [-] (TO sur fond *gris*). [h] est sur fond *gris clair*
quand il atteste la variante. On peut de la sorte suivre le travail d'*harmonisation* du *réviseur* (ou des *réviseurs*)

RÉF.	VARIANTES	SIGNES ET TÉMOINS				TEXTES ET FIGURES		
3:03 c	μελλοντας	-	Ø	Ø	G	TO	7	2.2.2
3:03 e	εις το ιερον	-	Ø	Ø	Ø	TO	8	1.2.2
3:03 g	λαβειν	-	h	D	Ø	TO	2	2.1.1
3:05 a	επειχειν αυτοις	-	Ø	Ø	Ø	TO	8	1.2.2
3:05 c1	παρ αυτων	-	h	D	G	TO	1	1.1.1
3:06 c	χριστου	-	Ø	Ø	Ø	TO	8	1.2.2

3:07 b1	δειξας	-	■	Ø	Ø	TO	4	1.2.1
3:08 a	και εξαλλομενος εσθη	-	■	Ø	G	TO	3	2.2.1
3:08 c	περιπατων και αλλ. και	-	h	D	G	TO	1	1.1.1
3:10 c	του ιερου	-	Ø	Ø	Ø	TO	8	1.2.2
3:11 d	τη καλουμενη	-	Ø	Ø	Ø	TO	8	1.2.2
3:11 f	εκθαμβοι	-	Ø	Ø	G	TO	7	2.2.2
3:12 d	τι θαυμαζετε επι τουτω η	-	Ø	Ø	Ø	TO	8	1.2.2
3:12 h	η ευσεβεια	-	Ø	Ø	Ø	TO	8	1.2.2
3:12 k	του περιπατειν αυτον	-	Ø	D	G	TO	5	1.1.2
3:13 a	ιησουν	-	Ø	Ø	Ø	TO	8	1.2.2
3:15 a	ο θεος	-	Ø	Ø	Ø	TO	8	1.2.2
3:16 b	ον	-	Ø	D	Ø	TO	6	2.1.2
3:16 c	θεωρειτε και	-	Ø	Ø	Ø	TO	8	1.2.2
3:16 e	το ονομα αυτου	-	Ø	Ø	Ø	TO	8	1.2.2
3:16 f	ταυτην	-	Ø	Ø	G	TO	7	2.2.2
3:18 c1	ουτως	-	■	Ø	Ø	TO	4	1.2.1
3:20 e1	ιησουν	-	■	Ø	Ø	TO	4	1.2.1
3:21 b	μεν	-	■	Ø	Ø	TO	4	1.2.1
3:21 c	ο θεος	-	Ø	Ø	Ø	TO	8	1.2.2
3:21 d1	απ' αιωνος	-	h	D	Ø	TO	2	2.1.1
3:22 b	υμιν	-	Ø	Ø	Ø	TO	8	1.2.2
3:22 c	οτι	-	■	Ø	Ø	TO	4	1.2.1
3:22 d	κυριος	-	Ø	Ø	Ø	TO	8	1.2.2
3:23 a	εσται	-	■	Ø	Ø	TO	4	1.2.1
3:24 a	δε	-	h	D	Ø	TO	2	2.1.1
3:24 b	και 3	-	■	Ø	Ø	TO	4	1.2.1
3:25 b1	ο θεος	-	h	D	Ø	TO	2	2.1.1
3:25 c	υμων	-	Ø	Ø	Ø	TO	8	1.2.2
3:26 a1	ο θεος	-	h	D	Ø	TO	2	2.1.1
3:26 d	αυτον	-	h	D	Ø	TO	2	2.1.1
4:01 b	αυτοις	-	h	D	Ø	TO	2	2.1.1
4:01 d1	και ο στρατηγος του ιερου	-	Ø	D	Ø	TO	6	2.1.2
4:03 b	τας χειρας	-	■	Ø	Ø	TO	4	1.2.1
4:03 d	εις την αυριον	-	Ø	Ø	Ø	TO	8	1.2.2
4:03 f1	ηδη	-	Ø	Ø	G	TO	7	2.2.2
4:04 a	τον λογον	-	■	Ø	Ø	TO	4	1.2.1
4:04 c	ως	-	■	Ø	G	TO	3	2.2.1
4:05 a	εγενετο δε	-	■	Ø	Ø	TO	4	1.2.1
4:05 c	αυτων	-	h	D	G	TO	1	1.1.1

4:05 d$_1$	εν ιερουσαλημ	-	h	Ø	Ø	TO	4	1.2.1
4:07 a1	τουτο	-	h	D	Ø	TO	2	2.1.1
4:09 b	σημερον	-	Ø	Ø	Ø	TO	8	1.2.2
4:10 a$_1$	πασιν υμιν	-	h	D	Ø	TO	2	2.1.1
4:10 b$_1$	χριστου	-	Ø	Ø	Ø	TO	8	1.2.2
4:12 a$_1$	και ουκ... ουδενι	-	h	Ø	Ø	TO	4	1.2.1
4:12 c	γαρ	-	Ø	Ø	G	TO	7	2.2.2
4:12 e	εν	-	h	D	G	TO	1	1.1.1
4:12 f$_1$	ημας	-	Ø	Ø	Ø	TO	8	1.2.2
4:13 c	και	-	h	Ø	G	TO	3	2.2.1
4:14 c$_1$	συν αυτοις	-	Ø	Ø	Ø	TO	8	1.2.2
4:14 d	εστωτα	-	Ø	Ø	Ø	TO	8	1.2.2
4:15 b	καλευσαντες...δε απελθειν	-	Ø	Ø	Ø	TO	8	1.2.2
4:16 b	οτι μεν	-	h	Ø	Ø	TO	4	1.2.1
4:18 b	καλεσαντες αυτους	-	h	Ø	Ø	TO	4	1.2.1

TOPOGRAPHIE DES *HARMONISATIONS* DES VARIANTES [-]

CODEX BEZAE ÉCHANTILLON I

En résumé, le *Codex Bezae* apparaît comme un mauvais témoin du texte occidental, il révèle une *harmonisation* avancée. L'*harmonisation* des variantes positives est commencée avec quelques réticences pour les expressions longues et l'*harmonisation* des variantes négatives atteint les 2/3. Ce *Codex* reste trompeur à cause des *gloses* qu'il subira dans sa propre évolution textuelle. Faute de distinguer entre variantes textuelles et littéraires beaucoup penseront qu'il constitue un bon témoin du *texte occidental* et ils lieront indissolublement la question du *Codex Bezae* et celle du *texte occidental*.

LE CODEX GLAZIER [G]

Évaluation selon le modèle à un archétype-origine

ÉCHANTILLONS	+	-	//	~	TOTAL
I	21	13	19	2	55
TO2	3	2	3		8
II	17	3	17	2	39
TO2	11	6			17

III	6	0	4		10
TO2	2		2		4
IV	10	5	9	2	26
TO2	3		1		4
TOTAL	**73**	**29**	**55**	**6**	**163**

Selon le premier modèle, avec 163 variantes (tout confondu) le *Codex Glazier*, texte copte moyen-égyptien serait classé le plus proche du *texte alexandrin*. Il se présente comme très proche de [D] en ce qui concerne les variantes positives et négatives, mais offre moins de variantes substitutions.

Évaluation selon le modèle à deux archétypes-origines (TO-TA)

ÉCHANTILLONS				
I	+	-	//	~
⊕	21	13	19	2
Ø	12	47	31	5
TOTAL : 55	33	60	50	7
H[Q]%	36,4	78,3	62	71,4
II	+	-	//	~
⊕	17	3	17	2
Ø	19	24	27	3
TOTAL : 39	36	27	44	5
H[Q]%.	52,7	88,9	61,4	60
III	+	-	//	~
⊕	6	0	4	0
Ø	5	9	12	3
TOTAL : 10	11	9	16	3
H[Q]%	45,5	100	75	
IV	+	-	//	~
⊕	10	5	9	2
Ø	3	9	25	5
TOTAL: 39	13	14	34	7
H[Q]%	23,1	64,3	73,5	

MOYENNE	+	-	//	~	
⊕	54	21	49	6	**130**
Ø	39	89	95	16	**239**
TOTAL	93	110	144	22	**369**
H[Q]%	**41,9**	**80,9**	**85,9**	**72,7**	

Le modèle à deux archétypes-origines dont nous venons de donner un tableau analytique, nous présente avec [G] un texte très proche de [D]. Il conserve 130 variantes contre [D] qui en conserve 157. (Nous précisons toujours qu'il s'agit des quatre mêmes échantillons). L'archétype de [G] harmonise légèrement moins les variantes positives, mais la presque totalité des variantes négatives ont disparu. Il en reste 21 pour un total de 110 dans nos échantillons. Nous pensons que le *réviseur* harmonise selon les mêmes principes que [D], il comble les manques laissés par ses devanciers mais hésite devant les omissions. Il ne supprime pas les expressions longues et procède par *blocs*. Comme pour [D], nous avons réalisé une topographie des *harmonisations* des variantes [+] et [-]. Sur les tableaux qui font suite, on constatera que de 4:8 à 4:14, il ne corrige aucune variante positive. En revanche le travail sur les variantes négatives démontre une volonté assez systématique de combler son texte. Tout ce qui demeurait encore manquant chez [h] est ici aligné sur le *texte alexandrin*.

RÉF.	VARIANTES	SIGNES ET TÉMOINS				TEXTES ET FIGURES		
3.03 a	ουτος ατενισας...αυτου	+	h	D	G	TO	1	1.1.1
3:03 f	αυτους	+	h	D	Ø	TO	2	2.1.1
3:06 b	προς αυτον	+	h	Ø	Ø	TO	4	1.2.1
3:07 c	και	+	h	D	Ø	TO	2	2.1.1
3:07 d	εσταθη και	+	h	D	G	TO	1	1.1.1
3:08 b	χαιρων	+	h	Ø	G	TO	3	2.2.1
3:10 d	παντες	+	h	Ø	Ø	TO	4	1.2.1
3:11 a	εκπορευομενου.δε...κρατων αυτους.	+	h	D	G	TO	1	1.1.1
3:11 b	οι δε θαμβηθεντες εστησαν	+	Ø	D	G	TO	5	1.1.2
3:12 c	αυτους	+	Ø	D	G	TO	5	1.1.2
3:12 j	τουτο	+	Ø	D	G	TO	5	1.1.2
3:14 b	ζην και	+	h	Ø	Ø	TO	4	1.2.1
3:16 a	επι	+	h	D	G	TO	1	1.1.1
3:16 d	οτι	+	Ø	D	Ø	TO	6	2.1.2

3:17 b	ανδρες	+	h	D	G	TO	1	1.1.1
3:17 d	υμεις μεν	+	h	D	Ø	TO	2	2.1.1
3:17 e1	πονηρον	+	h	D	G	TO	1	1.1.1
3:18 b	και	+	h	Ø	Ø	TO	4	1.2.1
3:20 b1	υμιν	+	h	Ø	G	TO	3	2.2.1
3:22 a1	προς τους πατερας	+	Ø	Ø	Ø	TO	8	1.2.2
4:01 a	τα ρηματα ταυτα	+	h	D	Ø	TO	2	2.1.1
4:04 d	εις	+	h	Ø	Ø	TO	4	1.2.1
4:08 b	του ισραηλ	+	h	D	G	TO	1	1.1.1
4:09 c	αφ᾽υμων	+	h	D	G	TO	1	1.1.1
4:10 c1	εν αλλω δε ουδενι	+	h	Ø	G	TO	3	2.2.1
4:13 b	παντες	+	h	Ø	G	TO	3	2.2.1
4:13 f1	τινες δε εξ αυτων	+	h	Ø	G	TO	3	2.2.1
4:14 b	ασθενη	+	h	Ø	G	TO	3	2.2.1
4:14 f	ποιησαι η	+	h	D	Ø	TO	2	2.1.1
4:15 a1	τοτε	+	h	Ø	G	TO	3	2.2.1
4:15 a2	συνελαλουν	+	h	Ø	G	TO	3	2.2.1
4:17 a1	τα ρηματα ταυτα	+	h	Ø	G	TO	3	2.2.1
4:18 a1	συνκατατιθ. δε παντων τη γνω	+	h	Ø	G	TO	3	2.2.1

TOPOGRAPHIE DES *HARMONISATIONS* DES VARIANTES [+]
CODEX GLAZIER ÉCHANTILLON I

RÉF.	VARIANTES	SIGNES ET TÉMOINS				TEXTE ET FIGURES		
3:03 c	μελλοντας	-	Ø	Ø	G	TO	7	2.2.2
3:03 e	εις το ιερον	-	Ø	Ø	Ø	TO	8	1.2.2
3:03 g	λαβειν	-	h	D	Ø	TO	2	2.1.1
3:05 a	επειχειν αυτοις	-	Ø	Ø	Ø	TO	8	1.2.2
3:05 c1	παρ αυτων	-	h	D	G	TO	1	1.1.1
3:06 c	χριστου	-	Ø	Ø	Ø	TO	8	1.2.2
3:07 b1	δειξας	-	h	Ø	Ø	TO	4	1.2.1
3:08 a	και εξαλλομενος εσθη	-	h	Ø	G	TO	3	2.2.1
3:08 c	περιπατων και αλλ. και	-	h	D	G	TO	1	1.1.1
3:10 c	του ιερου	-	Ø	Ø	Ø	TO	8	1.2.2
3:11 d	τη καλουμενη	-	Ø	Ø	Ø	TO	8	1.2.2
3:11 f	εκθαμβοι	-	Ø	Ø	G	TO	7	2.2.2
3:12 d	τι θαυμαζετε επι τουτω η	-	Ø	Ø	Ø	TO	8	1.2.2
3:12 h	η ευσεβεια	-	Ø	Ø	Ø	TO	8	1.2.2
3:12 k	του περιπατειν αυτον	-	Ø	D	G	TO	5	1.1.2

3:13 a	ιησουν	-	Ø	Ø	Ø	TO	8	1.2.2
3:15 a	ο θεος	-	Ø	Ø	Ø	TO	8	1.2.2
3:16 b	ον	-	Ø	D	Ø	TO	6	2.1.2
3:16 c	θεωρειτε και	-	Ø	Ø	Ø	TO	8	1.2.2
3:16 e	το ονομα αυτου	-	Ø	Ø	Ø	TO	8	1.2.2
3:16 f	ταυτην	-	Ø	Ø	G	TO	7	2.2.2
3:18 c1	ουτως	-	ħ	Ø	Ø	TO	4	1.2.1
3:20 e1	ιησουν	-	ħ	Ø	Ø	TO	4	1.2.1
3:21 b	μεν	-	ħ	Ø	Ø	TO	4	1.2.1
3:21 c	ο θεος	-	Ø	Ø	Ø	TO	8	1.2.2
3:21 d1	απ' αιωνος	-	ħ	D	Ø	TO	2	2.1.1
3:22 b	υμιν	-	Ø	Ø	Ø	TO	8	1.2.2
3:22 c	οτι	-	ħ	Ø	Ø	TO	4	1.2.1
3:22 d	κυριος	-	Ø	Ø	Ø	TO	8	1.2.2
3:23 a	εσται	-	ħ	Ø	Ø	TO	4	1.2.1
3:24 a	δε	-	ħ	D	Ø	TO	2	2.1.1
3:24 b	και 3	-	ħ	Ø	Ø	TO	4	1.2.1
3:25 b1	ο θεος	-	ħ	D	Ø	TO	2	2.1.1
3:25 c	υμων	-	Ø	Ø	Ø	TO	8	1.2.2
3:26 a1	ο θεος	-	ħ	D	Ø	TO	2	2.1.1
3:26 d	αυτον	-	ħ	D	Ø	TO	2	2.1.1
4:01 b	αυτοις	-	ħ	D	Ø	TO	2	2.1.1
4:01 d1	και ο στρατηγος του ιερου	-	Ø	D	Ø	TO	6	2.1.2
4:03 b	τας χειρας	-	ħ	Ø	Ø	TO	4	1.2.1
4:03 d	εις την αυριον	-	Ø	Ø	Ø	TO	8	1.2.2
4:03 f1	ηδη	-	Ø	Ø	G	TO	7	2.2.2
4:04 a	τον λογον	-	ħ	Ø	Ø	TO	4	1.2.1
4:04 c	ως	-	ħ	Ø	G	TO	3	2.2.1
4:05 a	εγενετο δε	-	ħ	Ø	Ø	TO	4	1.2.1
4:05 c	αυτων	-	ħ	D	G	TO	1	1.1.1
4:05 d1	εν ιερουσαλημ	-	ħ	Ø	Ø	TO	4	1.2.1
4:07 a1	τουτο	-	ħ	D	Ø	TO	2	2.1.1
4:09 b	σημερον	-	Ø	Ø	Ø	TO	8	1.2.2
4:10 a1	πασιν υμιν	-	ħ	D	Ø	TO	2	2.1.1
4:10 b1	χριστου	-	Ø	Ø	Ø	TO	8	1.2.2
4:12 a1	και ουκ... ουδενι	-	ħ	Ø	Ø	TO	4	1.2.1
4:12 c	γαρ	-	Ø	Ø	G	TO	7	2.2.2
4:12 e	εν	-	ħ	D	G	TO	1	1.1.1
4:12 f1	ημας	-	Ø	Ø	Ø	TO	8	1.2.2
4:13 c	και	-	ħ	Ø	G	TO	3	2.2.1
4:14 c1	συν αυτοις	-	Ø	Ø	Ø	TO	8	1.2.2

4:14 d	εστωτα	-	∅	∅	∅	TO	8	1.2.2
4:15 b	καλευσαντες...δε απελθειν	-	∅	∅	∅	TO	8	1.2.2
4:16 b	οτι μεν	-	h	∅	∅	TO	4	1.2.1
4:18 b	καλεσαντες αυτους	-	h	∅	∅	TO	4	1.2.1

TOPOGRAPHIE DES *HARMONISATIONS* DES VARIANTES [-]
CODEX *GLAZIER* ÉCHANTILLON I

Le *Codex Glazier* nous a cependant déçu dans ce que nous en attendions : à part quelques confirmations du TO, il n'est guère meilleur témoin, sinon moins, que le *Codex Bezae*. Il ne révèle pas comme ce dernier une évolution textuelle importante et se montre moins riche en texte TO2 ou en tradition propre. Ce qui se comprend facilement par le fait qu'il ait été traduit et de ce fait *bloqué* dans son évolution textuelle.

LES FIGURES RELATIONNELLES

Après l'étude de l'évolution propre des témoins, puis des signes et des opérants, nous passons à l'étude des relations inter-témoins que nous avons nommées : les *figures relationnelles* ou simplement les *figures*. C'est ce classement qui nous permettra de proposer un état des textes et de parvenir à un système général des variantes du *texte occidental*.

Les tableaux : chaque échantillon [I, II, III et IV], est classé par figures et par signes (8 figures et 4 signes). Un cinquième tableau donne le total des résultats. Une première partie (A) comptabilise les variantes classées TO, une seconde partie (B) les variantes classées TO2, nous donnons à la suite l'ensemble des résultats obtenus.

CLASSEMENT PAR FIGURES ET PAR SIGNES DES VARIANTES CLASSÉES **TO**

Échantillon : I

	FIGURES		+	-	//	~	TOTAL
1	h.D.G	1.1.1	8	4	7	1	20
2	h.D.Ø	2.1.1	5	9	9	1	24
3	h. Ø..G	2.2.1	10	3	8	1	22
4	h. Ø Ø.	1.2.1	5	14	9	3	31
5	Ø.D.G	1.1.2	3	1	1	0	5
6	Ø.D. Ø	2.1.2	1	2	9	1	13
7	Ø. Ø G	2.2.2	0	5	3	0	8

8	Ø Ø Ø	1.2.1	1	22	4	0	27
			33	60	50	7	**150**

Échantillon : II

	FIGURES		+	-	//	~	TOTAL
1	h.D.G	1.1.1	12	1	3	0	16
2	h.D. Ø	2.1.1	3	1	7	1	12
3	h. Ø.G	2.2.1	3	1	7	0	11
4	h. Ø Ø	1.2.1	13	9	13	0	35
5	Ø.D.G	1.1.2	2	0	2	0	4
6	Ø.D. Ø	2.1.2	0	1	4	1	6
7	Ø Ø G	2.2.2	0	1	5	2	8
8	Ø Ø Ø	1.2.1	3	13	3	1	20
			36	27	44	5	**112**

Échantillon : III

	FIGURES		+	-	//	~	TOTAL
1	h.D.G	1.1.1	3	0	2	0	5
2	h.D. Ø	2.1.1	3	1	1	3	8
3	h. Ø.G	2.2.1	2	0	1	0	3
4	h. Ø. Ø	1.2.1	2	2	4	0	8
5	Ø.D.G	1.1.2	0	0	0	0	0
6	Ø.D. Ø	2.1.2	0	1	4	0	5
7	Ø. Ø G	2.2.2	1	0	1	0	2
8	Ø Ø Ø	1.2.1	0	5	3	0	8
			11	9	16	3	**39**

Échantillon : IV

	FIGURES		+	-	//	~	TOTAL
1	h.D.G	1.1.1	4	3	2	1	10
2	h.D. Ø	2.1.1	1	4	5	2	12
3	h. Ø.G	2.2.1	6	1	3	1	11
4	h. Ø. Ø	1.2.1	2	2	6	2	12

5	Ø.D.G	1.1.2	0	0	4	0	4
6	Ø.D. Ø	2.1.2	0	1	11	1	13
7	Ø. Ø G	2.2.2	0	1	0	0	1
8	Ø Ø Ø	1.2.1	0	2	3	0	5
			13	14	34	7	**68**

Totalisation des résultats du TO

	FIGURES		+	-	//	~	TOTAL
1	h.D.G	1.1.1	27	8	14	2	51
2	h.D. Ø	2.1.1	12	15	22	7	56
3	h. Ø.G	2.2.1	21	5	19	2	47
4	h. Ø. Ø	1.2.1	22	27	32	5	86
5	Ø.D.G	1.1.2	5	1	7	0	13
6	Ø.D. Ø	2.1.2	1	5	28	3	37
7	Ø. Ø G	2.2.2	1	7	9	2	19
8	Ø Ø Ø	1.2.1	4	42	13	1	60
			93	110	144	22	**369**

CLASSEMENT PAR FIGURES ET PAR SIGNES DES VARIANTES CLASSÉES TO2

Échantillon : I

	FIGURES	+	-	//	~	TOTAL
1	h.D.G	2		1		3
2	h.D.			2		2
3	h..G			1		1
4	h.			1		1
5	D.G			1		1
6	D.	3	4	5		12
7	G	1	2			3
8	Ø Ø Ø	3	1	1		5
		9	**7**	**12**		**28**

Échantillon : II

FIGURES		+	-	//	~	TOTAL
1	h.D.G	5				5
2	h.D.			1	1	2
3	h..G	1		1		2
4	h.					
5	D.G	2		3		5
6	D	3	1	3	1	8
7	G	3		2		5
8	Ø Ø Ø	1				1
		15	**1**	**10**	**2**	**28**

Échantillon : III

FIGURES		+	-	//	~	TOTAL
1	h.D.G	1				1
2	h.D.					
3	h.G					
4	h.					
5	D.G	1		1		2
6	D	2		2		4
7	G					
8	Ø Ø Ø			2		2
		4		**5**		**9**

Échantillon : IV

FIGURES		+	-	//	~	TOTAL
1	h.D.G	2				2
2	h.D.					
3	h..G					
4	h	1				1
5	D.G					
6	D	2		3		5
7	G	1		1		2
8	Ø Ø Ø	2		3		5
		8		**7**		**15**

Totalisation des résultats TO2

FIGURES		+	-	//	~	TOTAL
1	h.D.G	10		1		11
2	h.D.			3	1	4
3	h G	1		2		3
4	h.	1		1		2
5	D.G	3		6		9
6	D.	10	5	13	1	29
7	G	5	2	2	1	10
8	Ø Ø Ø	5	2	5	1	13
		35	**9**	**33**	**4**	**81**

INTERPRÉTATION SELON LE MODÈLE
À UN ARCHÉTYPE-ORIGINE

Selon le premier modèle d'interprétation, nos trois témoins dérive-raient d'un archétype commun : le *texte alexandrin*. Après comptabili-sation des variantes : nous pouvons établir une classification dont nous avons déjà parlée, mais qu'il est nécessaire de situer, ici, sous un aspect nouveau.

Cette classification repose sur une logique des possibles et donne trois classes pour nos trois témoins : [h], [D] et [G]. (Dans le cas du modèle à un archétype-origine, nous ne faisons pas figurer la huitième figure : [Ø Ø Ø]).
1ère classe - la variante est attestée par les trois témoins à la fois, il s'agit de la figure : [h D G].
2ème classe - la variante n'est attestée que par deux témoins avec trois cas possibles :
[h D] : la variante est attestée en [h] et [D].
[h G] : la variante est attestée en [h] et [G].
[D G] : la variante est attestée en [D] et [G].
3ème classe - la variante n'est attestée que dans un seul témoin, avec trois cas possibles.
[h] : la variante n'est attestée que dans [h].
[D] : la variante n'est attestée que dans [D].
[G] : la variante n'est attestée que dans [G].

Pour rendre compte du *réel* de ces combinaisons, trois systèmes simples de filiation des textes sont possibles ; nous les donnons ci dessous. Ils font appel à deux archétypes intermédiaires ; TX et TN.

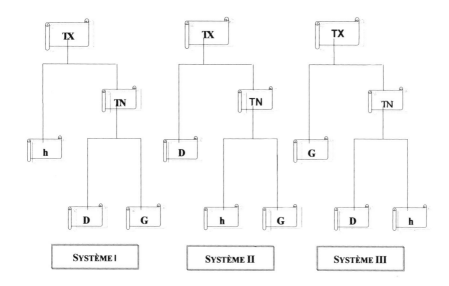

REPRÉSENTATION DES MODÈLES DE FILIATION

Il est important de souligner la question de la transmission des variantes, car elle se distinguera nettement de la transmission des *harmonisations* que nous envisagerons pour le second modèle.

Soit deux témoins A et B, attestant tous deux une variante [n]. On peut poser l'existence d'un archétype [X] dont dérivent A et B. Une variante attestée en [X] le sera aussi en A et B, mais une variante étant apparue en A ne peut figurer en A et B. (Sauf exception [63]).

TRANSMISSION DES VARIANTES POUR LES SYSTÈMES I, II ET III.

Nous définissons pour chaque figure et dans chaque système le processus de transmission des variantes.
Système I :

---

[63] Deux copistes peuvent se rencontrer sur une erreur (lisant *raptione*, mot rare, plusieurs écriront *ratione*), sans qu'il y ait filiation des textes pour autant. Cet aspect de la question est souligné dès 1933 par M.-J. Lagrange argumentant sur la difficulté d'établir une classification généalogique des textes. M.-J. LAGRANGE, *Projet de critique textuelle*, R.B., 1933.

[h.D.G] : La variante figure en TX et par conséquent en [h] en TN, puis [D] et [G].

[DG] : la variante ne figure pas en TX ni donc en [h], en revanche, elle figure en TN, puis en [D] et [G] à la fois.

[h] : la variante ne figure ni en TX, ni par conséquent en TN, [D] et en [G], elle figure en [h].

[D] : la variante ne figure ni en TX, ni en TN, elle figure donc uniquement en [D].

[G] : la variante ne figure ni en TX ni en TN, elle est apparue en [G].

Nous constatons que le Système I rend compte de 5 figures, mais il ne peut expliquer [h D] ni [h G]. Si l'on se réfère au tableau : *totalisation des résultats du TO*[64]: TO [h D] = 56 variantes et TO [h G] = 47 variantes. C'est donc un total de 103 variantes que le système I ne peut expliquer.

Aussi, sans alourdir la démonstration, on comprendra, que le système II ne peut quant à lui rendre compte des *figures* [h D] et [D G] soit 56+13 = 69 variantes. Le système III ne peut expliquer quant à lui : [D G] et [h G] soit 13+47 = 60 variantes.

Dans le modèle à un archétype-origine, aucun des trois systèmes de filiation ne peut rendre compte du *réel* en sa totalité. C'est dans cette difficulté à établir une filiation qu'il faut à notre avis chercher les racines de *l'éclectisme*.

REPRÉSENTATION SELON LE MODÈLE À DEUX ARCHÉTYPES-ORIGINES

Nous distinguons deux évolutions : l'évolution littéraire du premier archétype (TO) vers le second (TA), ce processus engendre la totalité des variantes littéraires. L'évolution textuelle : le premier archétype (TO) est harmonisé sur le second (TA). C'est cette *harmonisation* que nous étudions maintenant. Nous donnons les figures de l'*harmonisation* qui sont différentes des figures de la combinaison des variantes.

1ère classe.

La variante n'est harmonisée dans aucun des trois témoins : [Ø Ø Ø].

2ème classe : la variante est harmonisée dans deux témoins à la fois avec trois cas possibles :

La variante est harmonisée dans [h] et [D] : [Ø Ø G].

La variante est harmonisée dans [h] et [G] : [Ø D Ø].

La variante est harmonisée dans [D] et [G] : [h Ø Ø].

---

[64] Cf. p. 56.

3ème classe : la variante est harmonisée dans un seul témoin, avec trois cas possibles :
La variante est harmonisée dans [h] : [Ø D G].
La variante est harmonisée dans [D] : [h Ø G].
La variante est harmonisée dans [G] : [h D Ø].

Peut-on rendre compte du *réel* de l'*harmonisation* au moyen de l'un de nos trois systèmes en présence ? Il faut d'abord considérer que la transmission des *harmonisations* n'est pas la même que celle des variantes. L'*harmonisation* se réalise sur un archétype contenant *a priori* toutes les corrections possibles. Soient deux texte A et B dépendant d'un archétype [X]. Si une variante est harmonisée en X, l'*harmonisation* se transmet en A et B. Mais une *harmonisation* parallèle en A et B n'implique pas l'*harmonisation* en X. Il peut très bien y avoir eu parallèlement en A et B une *harmonisation* sur le TA. Ce principe modifie considérablement le principe de transmission.

Comme nous l'avons fait pour les variantes, nous étudions le processus d'*harmonisation* par figure et système.
Système I :
[h D G] : Ni TX ni TN ni aucun des trois témoins n'ont harmonisé la variante.
[h D Ø] : la variante présente en [h] et [D] est présente aussi en TX et TN, seul [G] harmonise.
[h Ø G] : La variante présente en [h] et [G] est présente en TX et TN, seul [D] harmonise.
[h Ø Ø] : La variante est présente en [h] donc en TX. Elle ne figure ni en [D] ni en [G]. Deux solutions sont possibles ou TN a harmonisé ou [D] et [G] ont harmonisé parallèlement.
[Ø D G] : La variante est présente en TX et est harmonisée en [h], elle est présente en TN, [D], et [G].
[Ø D Ø] : La variante est présente en TX et en TN, elle est harmonisée en [h] et [G] parallèlement.
[Ø Ø G] : La variante est présente en TX puis TN, elle est harmonisée parallèlement en [h] et [D].
[Ø Ø Ø] : La variante ne figure dans aucun des trois témoins bien que son existence soit attestée de par ailleurs. Soit, elle est harmonisée en TX et l'*harmonisation* est transmise en [h], TN, [D], [G]. Soit, elle est harmonisée parallèlement en [h] et TN et l'*harmonisation* est transmise en [D] et [G]. Soit, elle figure en TX et TN et elle est harmonisée parallèlement en [h] [D] et [G].

Nous constatons alors que le système I peut rendre compte du *réel* des variantes dans le modèle à deux archétypes-origines. Cependant, si nous poursuivons l'analyse des Systèmes II et III, nous constatons du fait de la possibilité d'une *harmonisation* parallèle que nos trois modèles se révèlent adéquats à rendre compte du *réel*. C'est alors la progression du coefficient d'*harmonisation* H% qui imposera ici le choix : H%(h) = 35, H%(D) = 57,4, H% (G) = 64,8 . [h] apparaissait comme le texte, de très loin, le moins harmonisé. Il se situe par conséquent directement après TX l'archétype antérieur à nos trois textes. Dans cette optique, TN ajoute un élément supplémentaire sur la voie de l'*harmonisation*, et l'ordre du processus est alors

TX => [h],

TX => TN -> [D] et [G].

LA QUESTION DU TO2

Nous faisons maintenant intervenir un deuxième élément d'analyse dont il nous faut impérativement tenir compte. Le second modèle distingue entre l'évolution des *harmonisations* de variantes littéraires et l'évolution de variantes textuelles apparues spontanément en [h], [D] et [G]. Ces variantes sont classées TO2 dans le catalogue de M.-É. Boismard. Or, dans le cas des variantes textuelles TO2, le système de transmission n'est pas celui de l'*harmonisation*, mais le système classique de transmission de variantes tel que nous l'avons vu fonctionner dans le modèle à un archétype-origine. Si nous nous rapportons au tableau : *totalisation des résultats TO2*[65]. Nous constatons alors, que le système I rend très bien compte des variantes TO2. Seules les figures [h D] avec 4 variantes et [h G] avec 3 variantes ne peuvent être entrées dans le système 1. Soit 7 variantes sur un total de 81. (Il est possible cependant d'en rendre compte par des *harmonisations* qui auraient fait suite au travail des *copistes créatifs*).

CLASSEMENT DES FAMILLES

Nous composons un tableau où figurent les cinq archétypes et les huit figures. Ce tableau applique le système I de filiation. Le signe [⊕] indique la présence de la variante. La case *blanche* indique une *harmonisation*. C'est ce tableau que nous commenterons.

---

[65] Cf. p. 58.

FIGURES		TX	TN	h	D	G
1	**h.D.G**	⊕	⊕	⊕	⊕	⊕
2	**h.D.** Ø	⊕	⊕	⊕	⊕	
3	**h.** Ø.**G**	⊕	⊕	⊕		⊕
4	**h.** Ø. Ø	⊕		⊕		
		⊕	⊕	⊕		
5	Ø.**D.G**	⊕	⊕		⊕	⊕
6	Ø.**D.** Ø	⊕	⊕		⊕	
7	Ø. Ø **G**	⊕	⊕			⊕
8	Ø Ø Ø					
		⊕				
		⊕		⊕		

Tableau de transmission des *harmonisations* du système I

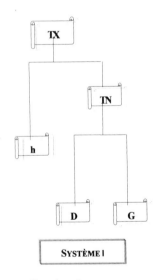

Système I de filiation

Proposer un schéma simple de filiation au sein de la tradition du *texte occidental* se révélait impossible dans le modèle à un seul archétype-origine. En revanche, le modèle à deux archétypes avec transmission des *harmonisations* semble plus adéquat à représenter le *réel*.

Il est cependant nécessaire de confirmer ce système en revenant sur les figures et les statistiques qui s'y rattachent. Ce travail permettra de voir quel texte avait sous les yeux le *réviseur* de la tradition du *Codex de Fleury* et du texte d'Augustin, c'est le texte des Actes de Tertullien et de Cyprien qui est ici en question.

Nous voudrions en premier lieu confirmer le système I de filiation contre les systèmes II et III. Il y aura tout d'abord l'argument du sens chronologique qui a été avancé : le coefficient d'*harmonisation* de [h] étant de loin le plus faible : H%(h) = 35 contre H%(D) = 57,4 et H% (G) = 64,8[66]. Il nous faut conclure que [D] et [G] manifestent une *harmonisation* bien plus avancée. Les coefficients d'*harmonisation* très proches en ce qui concerne [D] et [G], H%(D) = 57,4, H% (G) = 64,8 nous laissent deviner une grande proximité des deux textes et de leur histoire.

L'argument le plus délicat reste celui des *harmonisations* parallèles Rappelons qu'une harmonisation peut se transmettre par un archétype antérieur ou tout aussi bien se réaliser parallèlement dans deux textes à la fois, sans nécessité absolue d'un lien intermédiaire à savoir d'un archétype intermédiaire : le lien étant toujours réalisé par *l'archétype-modèle* ici le TA.

Dans le système I, nous devons poser cette *harmonisation* parallèle pour les figures 6 [Ø D Ø] et 7 [Ø Ø G]. En 6, [h] et [G] harmonisent parallèlement, en 7, c'est [h] et [D] qui harmonisent parallèlement. Soit pour la figure 6 : 37 variantes et pour la figure 7 : 19 variantes. Ces 56 *harmonisations* ont été effectuées en [h] et [G] et en [h] et [D] et n'ont pas été transmises par un archétype antérieur. L'archétype TN n'avait pas harmonisé comme en témoignent [D] ou [G] selon le cas.

Mais dans le système II, [D] serait le plus proche[67] du TO et les *harmonisations* parallèles se feraient pour la figure 4 : [h Ø Ø] et la figure 7 : [Ø Ø G]. Soit pour un total de 105 variantes (86 + 19)[68] Dans le système III, [G] serait le plus proche du TO et les *harmonisations* parallèles se feraient en 4 : [h Ø Ø] [D] et [G], et 6 [Ø D Ø] [h] et [G], soit pour 123 variantes (86+37)[69].

Les systèmes II et III incluent la figure 4 : [h Ø Ø] figure-clef avec 86 variantes harmonisées en [D] et [G] et attestées cependant par [h]. C'est le principe du cumul des *harmonisations* qui intervient alors : deux archétypes dont l'un dépend de l'autre harmoniseront d'avantage les deux ensembles qu'un seul à la fois. Il y a cumul des *harmonisations* transmises et des *harmonisations* réellement effectuées. Aussi nous semble-t-il certain que les *harmonisations* de [D] et [G] (86 au total) constituent le cumul d'*harmonisations* réalisées d'abord par TN, puis par [D] et par [G] parallèlement. D'autre part les *harmonisations* pa-

---

[66] Cf. pp. 32...
[67] Cf. p. 59.
[68] Cf. p. 56.
[69] Cf. p. 56.

ralllèles de [h] et [D] et [h] et [G] (sans *harmonisations* transmises) offrent des chiffres bien inférieurs : 37 pour la figure 6 ([h] et [D] harmonisent seuls parallèlement) et 19 pour la figure 7 ([h] et [G] harmonisent seuls parallèlement).

Le système I semble dès lors confirmé à nos yeux et s'impose en tant que système représentatif de l'évolution textuelle des trois *Codex*. Nous pouvons maintenant revenir aux *figures* et examiner leur distribution au sein du système I.

LA FILIATION DES FIGURES

1- les trois figures indépendantes :
2 [h D Ø] 3 [h Ø G] 5 [Ø D G]

Dans ces trois figures, les derniers archétypes de nos trois *Codex* harmonisent seuls leur texte sur le *texte alexandrin*. Avec 2 [h D Ø], [G] harmonise seul, pour 3 [h Ø G], [D] harmonise seul et pour 5 [Ø D G], c'est [h] qui harmonise seul. Il ne s'agit pas d'*harmonisations* transmises par l'archétype antérieur, mais d'une *harmonisation* propre au *réviseur* de chaque ultime archétype. Ces figures donnent une bonne idée du travail particulier de chacun des *réviseurs*.

La figure 2[h D Ø] ([G] harmonise seul) avec 56 variantes offre l'*harmonisation* la plus importante, elle montre de plus une étonnante homogénéité entre les variantes positives, négatives et de substitutions : 12 [+], 15[-], 22[//]. Ces chiffres correspondent bien à ce que nous avons déjà constaté dans notre analyse du *Codex Glazier*. Il s'agit d'un texte en fin d'*harmonisation*. Le *réviseur* n'a plus de préférences entre addition et omission, il semble vouloir aligner son texte sur le TA pris comme modèle.

La figure 3 [h Ø G] ([D] harmonise seul), avec 47 variantes est assez proche du travail précédant quant à la quantité, mais il s'en différencie quant aux signes. Nous constatons une grande disproportion (de 21 à 5) entre les variantes positives [+] et les variantes négatives.[-] Ce *réviseur* s'est surtout concentré sur les variantes positives. Nous avons dit que, dans le modèle à deux archétypes, une *harmonisation* de variantes positives correspond à un opérant d'omission[↑]. Le *réviseur* enlève de son texte tout ce qui y figure en trop par rapport à son modèle le *texte alexandrin*. Pour nos échantillons, c'est un total de 21 variantes positives qui disparaissent. Ceci nous éclaire encore une fois sur la *légende* : du *Codex Bezae* meilleur témoin du *texte occidental*. Il procède aussi à des substitutions, mais en revanche, il se révèle moins sévère pour les *manques* de son texte ; 5 *harmonisations* de variantes négatives.

La figure 5[Ø D G] ([h] harmonise seul), avec 13 variantes, établit la faible tendance à harmoniser du *Codex de Fleury*, on relève 5 *harmonisations* de variantes positives et 1 *harmonisation* de variante négative. [h] se manifeste encore comme le meilleur témoin du *texte occidental*.

2- Les figures mixtes :
4 [h Ø Ø] 6 [Ø D Ø] 7 [Ø Ø G]

La figure 4 [h Ø Ø] avec 86 variantes[70] fonde comme nous l'avons montré la nécessité du système de filiation choisi. À ce niveau, on ne peut imputer l'*harmonisation* des 86 variantes entièrement à [D] et [G], ou entièrement à TN. La *figure* nous indique qu'entre TN, [D] et [G] ; 86 variantes ont été harmonisées. Un certain nombre, harmonisées en TN, sont transmises en [D] et [G] ; quant aux autres, elles sont le résultat des *harmonisations* parallèles des deux témoins. On constate une grande homogénéité au niveau des signes 22 [+], 27 [-], 32 [//]. La correction des variantes positives se fait à ce niveau, commencée en TN elle se poursuivra en [D] et [G].

La figure 6 [Ø D Ø] avec 37 variantes[71] pose le cas d'*harmonisations* parallèles non transmises par un archétype antérieur. Cette figure donne les variantes harmonisées parallèlement en [h] et en [G]. On notera l'inexistence de corrections de variantes positives. On sait que [h] harmonise très peu, sinon pas, les variantes positives.

La figure 7 [Ø Ø G] donne seulement 19 variantes[72], où [h] et [D] harmonisent parallèlement. On remarquera encore le faible nombre de variantes positives.

3- les deux figures triples :
1 [h D G] 8 [Ø Ø Ø]

Les figures 1 et 8 offrent les deux cas où les trois témoins sont en accord[73].

Avec la figure 1 [h D G], aucun témoins n'a harmonisé la variante. Elle est présente en TX, TN et dans les trois témoins. Elle accuse une forte proportion de variantes positives 27 pour 51. Il s'agit

---

[70] Cf. p. 56.

[71] *Ibid.*

[72] *Ibid.*

[73] *Ibid.*

le plus souvent d'expressions longues que les *réviseurs harmonisants* de la tradition de TN, [D] et [G] se sont refusés à omettre, ils ont choisi dans ce cas le TO contre le TA. Les variantes négatives ayant subsisté dans les trois *Codex* se révèlent en très petit nombre. L'*harmonisation* des variantes négatives fut le travail des premiers *réviseurs*. Ces derniers ont d'abord rajouté tout ce qui n'apparaissait pas dans leur texte et qu'ils relevaient dans le *texte alexandrin*. L'omission des variantes longues viendra après, et essentiellement avec TN, [D] et [G].

La figure 8 [Ø Ø Ø] reste une figure importante de notre analyse, elle représente toutes les variantes ne figurant dans aucun des trois témoins. Nous avons eu maintes fois l'occasion de souligner sa nécessité dans le modèle à deux archétypes-origines. Nous avons indiqué que trois cas d'*harmonisation* été possibles. Ou bien les 60 *harmonisations* de cette figure, dont 42 négatives, sont toutes présentes dans l'archétype TX et sont transmises à [h], TN, [D] et [G]. Ou bien elles ont été effectuées parallèlement par les *réviseurs* de [h] et de TN. Ou encore parallèlement, par les *réviseurs* de [h], [D] et [G]. Si la question n'est pas très importante en ce qui concerne [D] et [G], elle l'est d'avantage pour [h]. Nos analyses ont décrit l'*harmonisation* du *Codex de Fleury* tel qu'il se présente, mais l'on peut encore se demander : quel *texte occidental* a-t-il harmonisé ? Est-il l'auteur de la majorité des *harmonisations* des variantes négatives, ou bien a-t-il hérité d'un texte déjà corrigé de beaucoup de ses expressions manquantes. Il est certain qu'il est difficile en l'état de le savoir exactement. Nous sommes aux frontières du système que constituent nos trois témoins. Cependant plusieurs critères nous permettent de penser que l'archétype de [h] a opéré sur un TX déjà en partie harmonisé (bien que des *harmonisations* parallèles aux trois témoins soient parfaitement possibles).

Nous avons réalisé (comme pour [D] et [G][74])une *topographie* des variantes négatives de [h]. C'est ce que présente le tableau suivant. Toutes les variantes négatives [-] de [h] pour l'échantillon I sont sélectionnées. Elles sont ensuite ramenées dans l'ordre normal selon lequel elles se présentent à la lecture du texte. Nous sélectionnons trois cas : a) la variante est attestée par [h] et n'a donc pas été harmonisée. (rectangle blanc). b) la variante est harmonisée dans les trois témoins à la fois, elle a donc des chances d'avoir été harmonisée antérieurement en TX et d'être transmise à [h] (rectangle gris). c) la variante est harmonisée par [h], en [h] seul ou en [h] et en [G] ou [D] parallèlement (rectangle noir).

---

74 Cf. p.47... pour le *Codex Bezae* et pp. 51... pour le *Codex Glazier*.

Peut-on voir une relation entre ces deux catégories d'*harmonisation* (b et c) ? La réponse est assez claire ; si nous prenons la zone 3:10 à 3:16, on constatera que toutes les variantes négatives sont harmonisées à la suite. Les *harmonisations* propres à [h] en 3:11f, 3:12k, 3:16b et 3:16f (rectangle noir) viennent compléter la série des *harmonisations* transmises à [h] : (rectangles gris).

Le processus d'*harmonisation* est dès lors plus clair. [h] a en main un texte gardant la majorité des variantes positives, mais déjà en partie harmonisé en ce qui concerne les variantes négatives. Il le rapproche alors d'un *texte alexandrin*. Il ignore *a priori* quel est le meilleur texte. S'il raisonnait de la sorte, et s'il privilégiait le TA, il supprimerait les expressions qui figurent en trop dans son texte, or il ne le fait pas ou peu. Cependant il constate des manques, des expressions contenues dans le modèle (*texte alexandrin*) ne figurent pas dans le sien (*texte occidental*). Il procède alors à des additions successives.

En revanche, on constatera, qu'en 4:5 il n'opère aucune *harmonisation*, son texte *reçu* n'est pas harmonisé et atteste le TO. Il le conserve sans l'aligner sur le *texte alexandrin*, ce qui se conçoit très bien s'il pas encore, un jugement de préférence, sur le *texte alexandrin*.

Nous ne voulons pas alourdir cette étude, mais nous pensons qu'il faudrait ici faire appel à des éléments de critique littéraire qui en dernière analyse justifieraient son choix. Omissions et additions modifient la structure d'ensemble, et le *réviseur* devait fatalement y être sensible dans ses corrections successives. Mais là encore, c'est une étude spéciale de chaque témoin situé dans la théorie générale, qui permettrait de justifier point à point les *harmonisations* opérées ou refusées, ce qui dépasse de loin notre entreprise présente.

REF.	VARIANTES	SIGNES ET TÉMOINS					TEXTE ET FIGURES	
3:03 c	μελλοντας	■	-	Ø	Ø	G	TO	7	2.2.2
3:03 e	εις το ιερον	▨	-	Ø	Ø	Ø	TO	8	1.2.2
3:03 g	λαβειν		-	h	D	Ø	TO	2	2.1.1
3:05 a	επειχειν αυτοις	▨	-	Ø	Ø	Ø	TO	8	1.2.2
3:05 c₁	παρ αυτων		-	h	D	G	TO	1	1.1.1
3:06 c	χριστου	▨	-	Ø	Ø	Ø	TO	8	1.2.2
3:07 b₁	δειξας		-	h	Ø	Ø	TO	4	1.2.1
3:08 a	και εξαλλομενος εσθη		-	h	Ø	G	TO	3	2.2.1
3:08 c	περιπατων και αλλ. και		-	h	D	G	TO	1	1.1.1
3:10 c	του ιερου	▨	-	Ø	Ø	Ø	TO	8	1.2.2
3:11 d	τη καλουμενη	▨	-	Ø	Ø	Ø	TO	8	1.2.2
3:11 f	εκθαμβοι	■	-	Ø	Ø	G	TO	7	2.2.2

3:12 d	τι θαυμαζετε επι τουτω η		-	Ø	Ø	Ø	TO	8	1.2.2
3:12 h	η ευσεβεια		-	Ø	Ø	Ø	TO	8	1.2.2
3:12 k	του περιπατειν αυτον		-	Ø	D	G	TO	5	1.1.2
3:13 a	ιησουν		-	Ø	Ø	Ø	TO	8	1.2.2
3:15 a	ο θεος		-	Ø	Ø	Ø	TO	8	1.2.2
3:16 b	ον		-	Ø	D	Ø	TO	6	2.1.2
3:16 c	θεωρειτε και		-	Ø	Ø	Ø	TO	8	1.2.2
3:16 e	το ονομα αυτου		-	Ø	Ø	Ø	TO	8	1.2.2
3:16 f	ταυτην		-	Ø	Ø	G	TO	7	2.2.2
3:18 c1	ουτως		-	h	Ø	Ø	TO	4	1.2.1
3:20 e1	ιησουν		-	h	Ø	Ø	TO	4	1.2.1
3:21 b	μεν		-	h	Ø	Ø	TO	4	1.2.1
3:21 c	ο θεος		-	Ø	Ø	Ø	TO	8	1.2.2
3:21 d1	απ᾽ αιωνος		-	h	D	Ø	TO	2	2.1.1
3:22 b	υμιν		-	Ø	Ø	Ø	TO	8	1.2.2
3:22 c	οτι		-	h	Ø	Ø	TO	4	1.2.1
3:22 d	κυριος		-	Ø	Ø	Ø	TO	8	1.2.2
3:23 a	εσται		-	h	Ø	Ø	TO	4	1.2.1
3:24 a	δε		-	h	D	Ø	TO	2	2.1.1
3:24 b	και 3		-	h	Ø	Ø	TO	4	1.2.1
3:25 b1	ο θεος		-	h	D	Ø	TO	2	2.1.1
3:25 c	υμων		-	Ø	Ø	Ø	TO	8	1.2.2
3:26 a1	ο θεος		-	h	D	Ø	TO	2	2.1.1
3:26 d	αυτον		-	h	D	Ø	TO	2	2.1.1
4:01 b	αυτοις		-	h	Ø	Ø	TO	2	2.1.1
4:01 d1	και ο στρατηγος του ιερου		-	Ø	D	Ø	TO	6	2.1.2
4:03 b	τας χειρας		-	h	Ø	Ø	TO	4	1.2.1
4:03 d	εις την αυριον		-	Ø	Ø	Ø	TO	8	1.2.2
4:03 f1	ηδη		-	Ø	Ø	G	TO	7	2.2.2
4:04 a	τον λογον		-	h	Ø	Ø	TO	4	1.2.1
4:04 c	ως		-	h	Ø	G	TO	3	2.2.1
4:05 a	εγενετο δε		-	h	Ø	Ø	TO	4	1.2.1
4:05 c	αυτων		-	h	D	G	TO	1	1.1.1
4:05 d1	εν ιερουσαλημ		-	h	Ø	Ø	TO	4	1.2.1
4:07 a1	τουτο		-	h	D	Ø	TO	2	2.1.1
4:09 b	σημερον		-	Ø	Ø	Ø	TO	8	1.2.2
4:10 a1	πασιν υμιν		-	h	D	Ø	TO	2	2.1.1
4:10 b1	χριστου		-	Ø	Ø	Ø	TO	8	1.2.2
4:12 a1	και ουκ... ουδενι		-	h	Ø	Ø	TO	4	1.2.1

4:12 c	γαρ	▆	-	Ø	Ø	G	TO	7	2.2.2
4:12 e	εν		-	h	D	G	TO	1	1.1.1
4:12 f₁	ημας	▨	-	Ø	Ø	Ø	TO	8	1.2.2
4:13 c	και		-	h	Ø	G	TO	3	2.2.1
4:14 c₁	συν αυτοις	▨	-	Ø	Ø	Ø	TO	8	1.2.2
4:14 d	εστωτα	▨	-	Ø	Ø	Ø	TO	8	1.2.2
4:15 b	καλευσαντες...δε απελθειν	▨	-	Ø	Ø	Ø	TO	8	1.2.2
4:16 b	οτι μεν		-	h	Ø	Ø	TO	4	1.2.1
4:18 b	καλεσαντες αυτους		-	h	Ø	Ø	TO	4	1.2.1

TOPOGRAPHIE DES *HARMONISATIONS* DES VARIANTES [-] *CODEX DE FLEURY*
ÉCHANTILLON I[75]

On peut maintenant opposer l'*harmonisation* de [h] toute centrée sur les variantes négatives, à l'*harmonisation* de TN (archétype commun à [D] et [G]) attestée par la figure 4 [h Ø Ø], qui avec 86 *harmonisations* en offre 21 négatives et 27 positives. Comment procède ce *réviseur ?* Certes, Il corrige les *manques* de son texte par rapport à un modèle TA, mais à la différence de [h], il entre dans la voie de l'*harmonisation* des variantes positives. Il commence à supprimer des expressions qui figurent dans son texte et qui sont absentes de son modèle (TA). la figure [h Ø Ø] offre 22 *harmonisations* de variantes positives ; toutes ne relèvent pas de TN seul, certaines ont été effectuées en [D] et [G]. Mais le processus très largement entamé en TN s'est poursuivi dans les archétypes de [D] et de [G].

Ceci est révélateur d'un changement radical d'opinion par rapport à l'autorité des deux archétypes. Si notre *réviseur* TN ampute son texte, c'est qu'il considère alors que l'autorité et la véracité sont du coté du *texte alexandrin*. Le processus d'*harmonisation* était dès lors inexorable.

Ce processus de disparition du *vieux texte des Actes* mériterait des développements touchant au *Canon* et à l'histoire des Églises. Cependant, comme nous l'avons souligné, on comprend qu'en déplaçant la limite du *Canon* vers le *texte alexandrin*, on n'excluait pas pour autant qu'il reste entièrement *pré-canonique*, pour les observateurs que nous sommes. Peut-on faire du *pré-canonique* de l'*intra-canonique* ? C'est là une question à laquelle nous ne répondrons pas ici, mais qui mérite selon nous un approfondissement d'ordre théologique.

---

[75] Les principes de cette table sont donnés p.68. (signification des rectangles).

Il faut encore dire que la huitième figure [∅ ∅ ∅] témoigne d'un archétype antérieur à la relation [h]-[D]-[G], archétype ou série d'archétypes allant en progression croissante dans l'*harmonisation* des variantes négatives. Nous avons relevé les témoins de ces archétypes situés entre TO et TX. (Notre relevé porte sur ceux qui offrent un texte continu et non pas de simples citations ; ce relevé s'applique uniquement à l'échantillon I). On constatera l'importance du texte éthiopien et du texte utilisé par Chrysostome. Avec ce relevé, nous atteignons la couche la plus archaïque de l'histoire du texte. M.-É. Boismard a consacré une étude de fond aux versions éthiopiennes[76], et il montre comment la traduction primitive fut effectuée sur un texte grec de *type occidental*. Pour les versions coptes M.-É. Boismard écrit *"Elle a tout de même gardé nombre de leçons mineures du TO et son intérêt est loin d'être négligeable"*[77].

On comprend alors qu'une recherche plus systématique devrait réaliser une analyse des filiations, comparable à ce que nous faisons pour [h] [D] et [G]. On verrait alors se dessiner par le *jeu* des *figures* les relations possibles puis réelles entre un archétype TX^{-1} (archétype antérieur à TX) et l'ensemble des *figures* de la relation [h]-[D]-[G] qui est ici notre objet d'étude.

VERSETS	TÉMOINS	SIGNES
4:12 f₁	Boh	-
3:05 a	Boh (A)	-
4:10 b₁	Boh (A)	-
3:05 b	Boh (A)	//
3:22 d	Boh (FS)	-
3:06 c	Boh (FSG)	-
3:22 a1	Chr 1.2	+
4:07 a1	Chr 2(2/3)	-
3:3 e	Chr 3	-
3:26 a1	Chr 3	-
3:12 f	Chr 3(2/8)	-
3:12 d	Chr 3(8/8)	-
4:14 d	Chr 3 x	-
3:12 f	Chr Ib(1/2)	-
4:09 b	Chr If 2.(2/2)	-
4:12 f₁	Eth (-2)	-
3:16 e	Eth	-

---

76 BOISMARD M.-É. et LAMOUILLE A., *Texte occidental I*, p. 77.
77 *Ibid.* p.77.

3:11 d	Eth	-
4:10 a$_1$	Eth.1	-
4:10 b$_1$	Eth.1	-
3:05 b	Eth.1-4	//
3:05 a	Eth.1-4	-
4:10 b$_1$	Eth.2	-
3:25 b$_1$	Eth.20	-
3:3 e	Eth.3	-
3:12 f	Eth.3-20	-
4:10 b$_1$	Eth.4	-
4:07 a$_1$	Eth.4	-
3:06 c	Eth.4-10	-
3:22 d	Eth.5-12	-
4:10 b$_1$	Eth.6-8	-
4:14 c$_1$	Sah. 449	-
3:20 c	Sah. 449	//
3:05 a	Sah.4	-
3:06 c	Sah.4	-
3:16 c	Sah.4	-
4:10 b$_1$	Sah.4	-
3:05 b	Sah.4	//
3:13 b	Sah.4	//
3:20 e$_1$	Sah.449	-
3:22 a$_1$	SyrH	+
3:16 e	SyrP	-
4:12 f$_1$	SyrP	-

TÉMOINS DES VARIANTES NÉGATIVES[78] : ARCHÉTYPES ANTÉRIEURS À TX.

Les variantes intentionnelles TO2

Pour cerner la totalité de notre système, il reste encore à s'arrêter quelques instants à ces variantes intentionnelles qui n'appartiennent ni au TO ni au TA. Ce sont elles qui ont toujours grandement perturbé l'étude de la question du *texte occidental*, faute de ne pas les avoir radicalement distinguées des variantes littéraires du TO. (Voir le tableau : totalisation des résultats TO2[79]).

---

[78] BOISMARD M.-É. et LAMOUILLE A., *Texte occidental I*, Introduction.
[79] Cf. p. 58.

La figure 1[h D G] est suggestive, elle atteste dès le TX (archétype antérieur à [h], [D] et [G]) d'une activité intentionnelle dans l'histoire du texte. On relèvera 10 variantes positives. Nous sommes alors en présence de ce phénomène d'addition et de *glose* dont parle l'ensemble des critiques, mais cette fois dans des normes raisonnables.

Dans ce cas tous les grands principes de la crique textuelle sont parfaitement applicables. La figure : 6 [D] nous offre une autre figure très révélatrice, Il s'agit de l'activité de l'archétype de [D] avec 10 variantes additives. Il faudra ajouter à cela les variantes que nous avons classées XD et qui appartiennent alors à l'histoire du texte lui même.

CONCLUSION

La question de l'antériorité ou de la postériorité du *texte occidental* des Actes apparaît clairement comme relevant d'une question plus générale et plus fondamentale. Il s'agit d'une question d'ordre épistémologique. Comment rendre compte de manière simple et rationnelle de l'ensemble du catalogue de variantes qu'offre le livre des Actes ? Deux modèles d'interprétation sont en présence : l'un se fonde sur un seul archétype-origine : le *texte alexandrin* ; l'autre propose un modèle à deux archétypes-origines : le *texte occidental* et le *texte alexandrin*. Notre étude a consisté à placer les deux modèles *en tension* afin de tester leur capacité à rendre compte des différents phénomènes. Aussi a-t-il fallu au préalable exposer avec précision les implications différentes que présente chacun d'entre eux. La première distinction importante est celle des variantes littéraires et des variantes textuelles.

Pour le modèle à un seul archétype-origine toutes les variantes relèvent d'une seule catégorie : elles sont toutes le résultat d'un travail de *copistes* et de *correcteurs* qui jalonnent l'histoire du texte ; elles se réduisent au statut de variantes textuelles, toutes postérieures à l'archétype-origine : le *texte alexandrin*.

Avec le modèle à deux archétypes-origines, nous distinguons les variantes littéraires des variantes textuelles. Les variantes littéraires naissent d'un travail de *rédacteur* qui refond son texte en profondeur et en totalité. Cette refonte est régie par des règles littéraires. Le *rédacteur* utilise le premier archétype : *le texte occidental* et lui fait subir des transformations qui semblent dictées par des principes stylistiques, sans vouloir totalement évincer des éléments de sensibilités d'ordre théologique qui sont à déterminer pour chacun des cas. Par ce travail sur le *texte occidental* est né le *texte alexandrin*. C'est de ces deux archétypes que dérivent toutes les traditions du texte des Actes.

Il nous a fallu introduire une autre distinction : celle du signe et celle de l'opérant d'une variante. Le signe a une simple valeur conventionnelle par rapport au référent choisi : le *texte alexandrin*. L'opérant a pour fonction d'indiquer l'opération réelle du *rédacteur* ou du *correcteur*. Cette distinction se révélait capitale de l'un à l'autre modèle. Pour le modèle à un seul archétype-origine, le signe et l'opérant se correspondent. À une variante positive [+] correspond une addition [↓] et à une variante négative [-] une omission [↑]. Pour le modèle à deux archétypes-origines, à une variante positive [+] correspond une omission [↑] du *rédacteur*, et à une variante négative [-] une addition [↓]. Cette *révolution* au niveau des signes se révèle de la plus haute importance dans l'interprétation de l'histoire des textes.

C'est cette *révolution* du sens de l'interprétation que nous avons voulu souligner en traitant de quelques principes de la critique textuelle dans l'un et l'autre modèle et de leur application au cas concret du texte des Actes. Le cas du célèbre adage : *"la version la plus courte doit être préférée"* est particulièrement suggestif. La version la plus courte indiquerait l'archétype, la version la plus longue serait la preuve manifeste du travail des *copistes* et des *glossateurs*. Dans le premier modèle, c'est la version la plus courte qui sera considérée comme antérieure. Resterait encore à expliquer avec précision la nécessité du texte long compris comme *glose*.

Dans le second modèle, la version courte est le résultat d'un travail littéraire ; loin de se résumer en une addition, la version longue apparaît comme telle du fait d'une opération d'omission par le *rédacteur* du second archétype : le *texte alexandrin*. Aussi, expliquer la variante par un acte d'addition ou d'omission revêt une grande importance sur le plan de ce que l'on peut appeler la *psychologie religieuse de l'Écriture*.

Un dernier point méritait d'être souligné : le conflit des *révisions*. Pour le premier modèle, tout l'effort des *réviseurs* consiste en une explicitation du texte qu'ils visent à rendre plus compréhensible à leurs lecteurs. À cette fin, le *réviseur* : "*... retranchait, incrustait, rabotait, se servait de la hache et du marteau*"[80]. La masse du travail de *révision* éloigne progressivement les textes de leur archétype-origine. L'intentionnel se situe au sein de l'évolution textuelle, il est postérieur.

Pour le second modèle, tout se situe dans le rapport des deux archétypes. L'intentionnel est antérieur et il détermine la transformation du premier archétype dans le second : du *texte occidental* en *texte alexandrin*. À ce premier mouvement de *différence* correspond un

---

[80] M.-J. LAGRANGE, *Projet de critique textuelle du N.T.*, R.B., 1933, p. 498.

mouvement inverse : le travail des *réviseurs* qui consiste alors en l'*harmonisation* progressive du premier archétype sur le second. Le *texte occidental* s'harmonise lentement sur le *texte alexandrin* et s'en rapproche tout au long de l'évolution textuelle. Nous voyons s'affirmer deux optiques bien différentes : à une *révision créative et imaginative* s'oppose une *révision harmonisante*. À un mouvement *divergeant* par rapport au *texte alexandrin* s'oppose un mouvement *convergent*. Si le premier modèle doit rendre compte de l'apparition progressive des variantes, le second, quant à lui, doit rendre compte de leur disparition progressive. Cette remarque nous renvoyait à une question plus générale : existe-t-il un processus d'*harmonisation* susceptible d'expliquer l'histoire de nos textes ? C'est à cette fin que nous avons entrepris l'étude comparée de l'ensemble commun à nos trois principaux témoins : le *Codex de Fleury*, le *Codex Bezae*, le *Codex Glazier*.

Une première enquête portait sur le coefficient d'*harmonisation* des trois témoins. Ce coefficient se calculait en effectuant le rapport des variantes attestées dans le témoin sur l'ensemble des variantes attestées dans tous les témoins (et non pas simplement [h], [D], [G]). Un premier classement était alors possible : le *Codex de Fleury* apparaissait comme le texte le moins harmonisé avec un H% de 35%. Il était suivi du *Codex Bezae* et du *Codex Glazier* très proches l'un de l'autre. Un sondage du même ordre effectué sur le texte utilisé par Augustin *(Fund)*, confirmait les résultats. Le texte révélait un coefficient d'*harmonisation* d'une même ampleur. Certes, ces conclusions avaient été plus que pressenties par M.-É. Boismard et A. Lamouille ; il nous semble cependant que la méthode que nous présentons a l'avantage d'offrir un résultat parfaitement mesurable.

Dans un second temps, notre analyse se portait sur les signes et les opérants. La *révolution* des signes du second modèle permettait de voir se dessiner un processus d'*harmonisation*. Le *Codex de Fleury* n'harmonise pratiquement pas les variantes positives ; en revanche, l'*harmonisation* des variantes négatives atteint un pourcentage de 50%. Ce coefficient qualitatif d'*harmonisation* H[Q]% est assez homogène à travers nos quatre échantillons. Les *harmonisations* du *Codex Bezae*, puis du *Codex Glazier* montrent en revanche une tendance vers l'*harmonisation* totale. C'est ce qu'établit l'*harmonisation* des variantes positives et même, bien que rarement, de certaines expressions longues. La *légende* du *Codex Bezae* : meilleur témoin du TO, atteignait ici ses limites. Ce *Codex* est loin d'être le meilleur témoin, du fait, d'une part, de son *harmonisation* déjà très avancée et, d'autre part, d'une disparition importante des variantes positives. Cependant faute de distinguer les variantes purement littéraires (attestations du TO) et les variantes textuelles, qui, elles, n'apparaissent dans l'histoire du texte qu'après le TO et le TA ; les critiques ont attribué au *texte occidental* lui-même toutes les variantes propres à [D]. Or ce *Codex* qui demeure un texte grec a continué son évolution interne propre, plus importante que les textes traduits. Le grand nombre de variantes TO2 propre à [D] a toujours trompé bien des critiques. Ces variantes textuelles survenues dans [D] confirme son infériorité en tant que témoin pur du *texte occidental*.

Enfin dans un troisième temps, nous avons tenté d'établir un système simple de filiation des archétypes, à partir de la notion de *figures relationnelles*. Là où le modèle à un archétype avouait son incapacité à classer, nous proposons, par le jeu des *harmonisations successives* un *système* ne faisant appel qu'à deux archétypes intermédiaires (TX et TN). Par ce *système* au sein du modèle à deux archétypes-origines, nous rendons compte de la totalité des variantes de nos échantillons, tant des *harmonisations*, que des variantes textuelles apparues au cours de l'évolution des archétypes (variantes TO2).

Nous pouvons dès lors esquisser un processus de l'évolution des archétypes. À l'origine on situera, le *texte occidental* : il est lui-même le produit d'une évolution littéraire. Ce texte subit alors une double évolution où réside le *mystère* de toute l'histoire du texte du livre des Actes.

1- Il subit une redistribution littéraire profonde, dictée par des motivations stylistiques et théologiques, résultat : le *texte alexandrin*.

2- Il jouit certainement d'une autorité reconnue dans certaines Églises et se répand grâce au travail des *copistes*.

3 - Très tôt, les *réviseurs* se trouvent en présence de deux textes. Mais il semblerait qu'aucun argument ne puisse leur permettre d'établir une priorité. Si la priorité du *texte alexandrin* avait été établie, le *texte occidental* aurait été éliminé. Cette *hésitation*, ce *conflit textuel*, nous en avons plusieurs preuves attestées par le processus d'*harmonisation* lui-même.

Le *Codex Fleury* et le texte d'Augustin montre une volonté de ne pas omettre ce qui pourtant apparaît *en plus* dans le *texte occidental*. On ne *supprime* pas, car l'on ne veut pas *supprimer !* On peut supposer que les archétypes antérieurs devaient attester de la totalité des variantes positives. En revanche, on rajoute au texte tout ce qui lui manque. Et l'on procède de la sorte, parce qu'aucun critère ne peut permettre de trancher en fonction d'un texte et d'un seul.

Progressivement, le *texte occidental* comblé de ses manques en arrive à se distinguer plus nettement du *texte alexandrin* par ses variantes positives. C'est ce que nous appelons la deuxième vague de l'*harmonisation*. Elle commence avec TN, l'archétype commun à [D] et [G]. On supprime alors *les plus* du texte, et l'on tend sensiblement vers l'homogénéité. Cependant la *hantise* de l'omission en *psychologie de l'Écriture*, est si forte que l'on préserve encore le plus souvent les expressions longues. Ce travail d'addition et d'omission ne peut pas se faire sans provoquer des mouvements au sein de la structure littéraire du texte. Il faut dans certains cas adapter la correction ; c'est là, à notre avis, la finalité des variantes classées TO2. Elles sont dictées par l'indécision de choix devant deux textes à autorité égale, mais encore plus par l'impératif : *de ne rien perdre*. On comprend ainsi toutes les leçons doubles et le phénomène dit de *fusion* (Actes 1:2 TO2)[81], de même que l'addition de particules de liaison ne figurant ni dans le TO ni dans le TA.

L'*harmonisation* des variantes positives entamait le processus d'anéantissement du *texte occidental*. Il devait subsister jusqu'à nous par les traductions qui le préservent en bloquant son évolution : textes latins plus tard remplacés par la Vulgate ou encore texte copte à usage très limité. Le *Codex Bezae*, en ce qui le concerne, se livre à un travail théologique et stylistique attesté par les variantes propres à ce *Codex* et qui ne dépendent en rien, ni du *texte occidental* ni du *texte alexandrin*.

La méthode que nous avons utilisée est conforme aux principes de l'épistémologie. Établir une théorie générale susceptible de rendre compte de l'ensemble des phénomènes connus. Ici, le phénomène est constitué par la masse des variantes que présente le texte des Actes. Le modèle classique et courant d'un archétype-origine d'où dériverait l'ensemble de la tradition occidentale se montre inadéquat à comprendre le phénomène. Il lui faut faire appel à des présupposés que rien ne fonde véritablement et dont le principal réside dans le *génie créateur* d'un *correcteur-rédacteur*. M.-J. Lagrange faisant mention de *"cette main assez autorisée pour retoucher aussi hardiment le texte primitif"* parlera : *"d'une personnalité puissante"* [82]. Cette impossibilité de rendre compte des phénomènes constitue la classique *rupture épistémologique* qui permet à l'esprit de recherche, de concevoir un *modèle* plus apte à englober la réalité des faits.

La question d'ordre épistémologique nous semble plus précise et plus fondamentale que celle de l'antériorité ou de la postériorité du *texte occidental*. M.-É. Boismard a très bien senti cette ambiguïté qui consiste à ramener la question du *texte occidental* et du *texte alexandrin* à une question relative au *temps*. Il s'en explique dans sa présentation des *"Actes des deux Apôtres"*. Il écrit : *"On a beaucoup discuté*

[81]Cf. notre analyse p. 64.
[82] *Ibid.*

pour savoir lequel, du TA ou du TO, donnait le texte primitif des Actes. Certains ont opté pour le TA, d'autres pour le TO. Notre position est très nuancée et donne raison aux uns et aux autres"[83]. M.-É. Boismard parle ici des documents qui ont précédé le TO. Le *texte occidental* et le *texte alexandrin* ont tous deux utilisé les premiers documents des Actes comme par exemple : le document P[84]. Mais la même remarque valable en *amont* l'est aussi en *aval*. Si nous nous plaçons dans l'archétype du *Codex de Fleury*, nous ne pouvons parler *d'antériorité* ou de *postériorité* du *texte alexandrin*. Tous les témoins catalogués remontent aux deux archétypes à la fois. Ils témoignent du texte occidental par l'ensemble des variantes littéraires qu'ils attestent ; ils témoignent de l'influence du *texte alexandrin* par l'ensemble des variantes harmonisées : ces variantes qui ne figureront pas dans un témoin donné, mais qui figureront cependant dans un autre ou dans d'autres. On pourra donc employer le terme de *participation* pour caractériser nos témoins. Chaque témoin *participe* à la fois à ses deux archétypes fondateurs qui sont le *texte occidental* et le *texte alexandrin* des Actes.

Nous voudrions sur les bases du travail accompli, mesurer ce que nous souhaitons encore mener à bonne fin. Nous sommes bien conscients des limites de cette enquête qui n'a envisagé que trois témoins du TO (certes importants) sur un ensemble bien plus vaste quand on examine le *catalogue* de M.-É. Boismard et A. Lamouille.

Notre étude s'est peut-être voulue méthodologique avant tout, mais il reste à continuer sur les mêmes principes jusqu'à établir un système général de tous les témoins avec les versions Syriaques, les autres témoins Coptes, et le *Laudianus*. Une enquête de cet ordre nécessite un instrument de travail approprié. Nous souhaitions depuis longtemps pour diverses raisons l'informatisation du travail de M.-É. Boismard : *"Restitution du texte occidental et Apparat critique"*. Cet outil de travail serait à notre avis très utile pour les études à venir portant sur le texte des Actes ; à cette fin nous avons commencé à développer une *application informatique*. Cette *application* vise deux objectifs. Le premier est simple, il s'agit de pouvoir accéder à l'apparat critique par voie informatique. Mais c'est le second objectif qui nous a essentiellement guidé. Une fois, la totalité des variantes informatisée, il serait possible d'effectuer à grande échelle, ce que nous avons fait très partiellement pour nos trois témoins. Nous pensons en particulier à des calculs statistiques plus fins. C'est à notre avis un champ immense de possibilités que devrait ouvrir cette informatisation.

---

83 BOISMARD M.-É., LAMOUILLE A., *Les Actes des deux Apôtres*, I, p. 60.
84 *Ibid.*, Introduction.

TABLES DES VARIANTES[86]

---

[86] Cf. p. 29 pour la disposition des *tables des variantes.*

ÉCHANTILLON I : Actes 3:3 - 4:18

Variantes classées : TO

RÉF.	VARIANTES	SIGNES ET TÉMOINS				TEXTES ET FIGURES		
3.03 a	ουτος ατενισας...αυτου	+	h	D	G	TO	1	1.1.1
3:03 c	μελλοντας	-	Ø	Ø	G	TO	7	2.2.2
3:03 d	εισοντας	//	Ø	Ø	G	TO	7	2.2.2
3:03 e	εις το ιερον	-	Ø	Ø	Ø	TO	8	1.2.2
3:03 f	αυτους	+	h	D	Ø	TO	2	2.1.1
3:03 g	λαβειν	-	h	D	Ø	TO	2	2.1.1
3:04 a	εμβλεψας	//	Ø	D	Ø	TO	6	2.1.2
3:04 b	ατενισον	//	h	D	G	TO	1	1.1.1
3:05 a	επειχειν αυτοις	-	Ø	Ø	Ø	TO	8	1.2.2
3:05 b	προσεδοκα	//	Ø	Ø	Ø	TO	8	1.2.2
3:05 c1	παρ αυτων	-	h	D	G	TO	1	1.1.1
3:06 b	προς αυτον	+	h	Ø	Ø	TO	4	1.2.1
3:06 c	χριστου	-	Ø	Ø	Ø	TO	8	1.2.2
3:07 a	την χειραν αυτου	//	h	Ø	G	TO	3	2.2.1
3:07 b1	δειξας	-	h	Ø	Ø	TO	4	1.2.1
3:07 c	και	+	h	D	Ø	TO	2	2.1.1
3:07 d	εσταθη και	+	h	D	G	TO	1	1.1.1
3:07 e	αυτου αι βασεις	~	Ø	D	Ø	TO	6	2.1.2
3:07 f	σφυρα	//	Ø	D	Ø	TO	6	2.1.2
3:08 a	και εξαλλομενος εσθη	-	h	Ø	G	TO	3	2.2.1
3:08 b	χαιρων	+	h	Ø	G	TO	3	2.2.1
3:08 c	περιπατων και αλλ. και	-	h	D	G	TO	1	1.1.1
3:09 a	αυτον πας ο λαος	~	h	Ø	Ø	TO	4	1.2.1
3:10 a	αυτος	//	h	Ø	Ø	TO	4	1.2.1
3:10 b	την ωραιαν πυλην	//	h	Ø	Ø	TO	4	1.2.1
3:10 c	του ιερου	-	Ø	Ø	Ø	TO	8	1.2.2
3:10 d	παντες	+	h	Ø	Ø	TO	4	1.2.1
3:10 e	εξισταντο	//	h	Ø	G	TO	3	2.2.1
3:10 f	δια το συμβεβ. αυτω ιασιν	//	h	Ø	Ø	TO	4	1.2.1
3:11 a	εκπορευομενου...κρατων αυτ.	+	h	D	G	TO	1	1.1.1
3:11 b	οι δε θαμβηθεντες εστησαν	+	Ø	D	G	TO	5	1.1.2
3:11 c	εν	//	h	D	G	TO	1	1.1.1
3:11 d	τη καλουμενη	-	Ø	Ø	Ø	TO	8	1.2.2
3:11 e	σολομωνος	//	Ø	D	Ø	TO	6	2.1.2

3:11 f	εκθαμβοι	-	Ø	Ø	G	TO	7	2.2.2
3:12 a	αποκριθεις	//	Ø	D	Ø	TO	6	2.1.2
3:12 b	ειπειν	//	h	D	Ø	TO	2	2.1.1
3:12 d	τι θαυμαζετε επι τουτω η	-	Ø	Ø	Ø	TO	8	1.2.2
3:12 e	τι ημιν προσεχετε	//	Ø	Ø	G	TO	7	2.2.2
3:12 f	ημων... πεποιηκοτων	//	h	D	Ø	TO	2	2.1.1
3:12 h	η ευσεβεια	-	Ø	Ø	Ø	TO	8	1.2.2
3:12 j	τουτο	+	Ø	D	G	TO	5	1.1.2
3:12 k	του περιπατειν αυτον	-	Ø	D	G	TO	5	1.1.2
3:13 a	ιησουν	-	Ø	Ø	Ø	TO	8	1.2.2
3:13 b	ετιμασατε	//	Ø	Ø	Ø	TO	8	1.2.2
3:13 c	θελοντος...αυτον	//	h	D	G	TO	1	1.1.1
3:14 a	εβαρυνατε	//	Ø	D	G	TO	5	1.1.2
3:14 b	ζην και	+	h	Ø	Ø	TO	4	1.2.1
3:15 a	ο θεος	-	Ø	Ø	Ø	TO	8	1.2.2
3:15 b	εσμεν μαρτυρες	~	h	Ø	Ø	TO	4	1.2.1
3:16 a	επι	+	h	D	G	TO	1	1.1.1
3:16 b	ον	-	Ø	D	Ø	TO	6	2.1.2
3:16 c	θεωρειτε και	-	Ø	Ø	Ø	TO	8	1.2.2
3:16 d	οτι	+	Ø	D	Ø	TO	6	2.1.2
3:16 e	το ονομα αυτου	-	Ø	Ø	Ø	TO	8	1.2.2
3:16 f	ταυτην	-	Ø	Ø	G	TO	7	2.2.2
3:17 b	ανδρες	+	h	D	G	TO	1	1.1.1
3:17 c	επισταμεθα	//	h	D	G	TO	1	1.1.1
3:17 d	υμεις μεν	+	h	D	Ø	TO	2	2.1.1
3:17 e1	πονηρον	+	h	D	G	TO	1	1.1.1
3:18 a	ο	//	h	D	Ø	TO	2	2.1.1
3:18 b	και	+	h	Ø	Ø	TO	4	1.2.1
3:18 c1	ουτως	-	h	Ø	Ø	TO	4	1.2.1
3:19 a	εις	//	h	D	G	TO	1	1.1.1
3:19 b	αμαρθιας υμων	~	h	D	Ø	TO	2	2.1.1
3:20 a	επελθωσιν	//	h	D	Ø	TO	2	2.1.1
3:20 b1	υμιν	+	h	Ø	G	TO	3	2.2.1
3:20 c	θεου	//	Ø	Ø	Ø	TO	8	1.2.2
3:20 e1	ιησουν	-	h	Ø	Ø	TO	4	1.2.1
3:21 a	ουρανους	//	h	Ø	Ø	TO	4	1.2.1
3:21 b	μεν	-	h	Ø	Ø	TO	4	1.2.1
3:21 c	ο θεος	-	Ø	Ø	Ø	TO	8	1.2.2
3:21 d1	απ' αιωνος	-	h	D	Ø	TO	2	2.1.1
3:22 a1	προς τους πατερας	+	Ø	Ø	Ø	TO	8	1.2.2
3:22 b	υμιν	-	Ø	Ø	Ø	TO	8	1.2.2

3:22 c	οτι	-	h	Ø	Ø	TO	4	1.2.1
3:22 d	κυριος	-	Ø	Ø	Ø	TO	8	1.2.2
3:23 a	εσται	-	h	Ø	Ø	TO	4	1.2.1
3:23 b	δε	~	h	Ø	Ø	TO	4	1.2.1
3:23 c	αν	//	Ø	D	Ø	TO	6	2.1.2
3:24 a	δε	-	h	D	Ø	TO	2	2.1.1
3:24 b	και 3	-	h	Ø	Ø	TO	4	1.2.1
3:25 b1	ο θεος	-	h	D	Ø	TO	2	2.1.1
3:25 c	υμων	-	Ø	Ø	Ø	TO	8	1.2.2
3:25 d	φυλαι	//	Ø	Ø	G	TO	7	2.2.2
3:26 a1	ο θεος	-	h	D	Ø	TO	2	2.1.1
3:26 b	εξαπεστειλεν	//	Ø	D	Ø	TO	6	2.1.2
3:26 d	αυτον	-	h	D	Ø	TO	2	2.1.1
3:26 e	αυτων	//	h	Ø	G	TO	3	2.2.1
4:01 a	τα ρηματα ταυτα	+	h	D	Ø	TO	2	2.1.1
4:01 b	αυτοις	-	h	D	Ø	TO	2	2.1.1
4:01 c	ιερεις	//	h	D	G	TO	1	1.1.1
4:01 d1	και ο στρατηγος του ιερου	-	Ø	D	Ø	TO	6	2.1.2
4:03 a	εκρατησαν αυτους	//	h	Ø	Ø	TO	4	1.2.1
4:03 b	τας χειρας	-	h	Ø	Ø	TO	4	1.2.1
4:03 c	παρεδωκαν	//	h	Ø	Ø	TO	4	1.2.1
4:03 d	εις την αυριον	-	Ø	Ø	Ø	TO	8	1.2.2
4:03 e	δε	//	h	Ø	Ø	TO	4	1.2.1
4:03 f1	ηδη	-	Ø	Ø	G	TO	7	2.2.2
4:04 a	τον λογον	-	h	Ø	Ø	TO	4	1.2.1
4:04 b	αριθμος	~	h	D	G	TO	1	1.1.1
4:04 c	ως	-	h	Ø	G	TO	3	2.2.1
4:04 d	εις	+	h	Ø	Ø	TO	4	1.2.1
4:04 f	πεντε ανδρων	~	h	Ø	G	TO	3	2.2.1
4:05 a	εγενετο δε	-	h	Ø	Ø	TO	4	1.2.1
4:05 b	συνηχθησαν	//	h	D	Ø	TO	2	2.1.1
4:05 c	αυτων·	-	h	D	G	TO	1	1.1.1
4:05 d1	εν ιερουσαλημ	-	h	Ø	Ø	TO	4	1.2.1
4:06 a	Καιφας	//	h	D	G	TO	1	1.1.1
4:06 b	Ιωναθας	//	Ø	D	Ø	TO	6	2.1.2
4:07 a1	τουτο	-	h	D	Ø	TO	2	2.1.1
4:07 b	εποιησαν	//	h	Ø	Ø	TO	4	1.2.1
4:08 b	του ισραηλ	+	h	D	G	TO	1	1.1.1
4:09 a	ιδου	//	h	Ø	G	TO	3	2.2.1
4:09 b	σημερον	-	Ø	Ø	Ø	TO	8	1.2.2
4:09 c	αφ᾽ υμων	+	h	D	G	TO	1	1.1.1

4:10 a1	πασιν υμιν	-	h	D	Ø	TO	2	2.1.1
4:10 b1	χριστου	-	Ø	Ø	Ø	TO	8	1.2.2
4:10 c1	εν αλλω δε ουδενι	+	h	Ø	G	TO	3	2.2.1
4:12 a1	και ουκ... ουδενι	-	h	Ø	Ø	TO	4	1.2.1
4:12 b	ουκ	//	h	D	Ø	TO	2	2.1.1
4:12 c	γαρ	-	Ø	Ø	G	TO	7	2.2.2
4:12 e	εν	-	h	D	G	TO	1	1.1.1
4:12 f1	ημας	-	Ø	Ø	Ø	TO	8	1.2.2
4:13 a	ακουσαντες δε	//	h	Ø	G	TO	3	2.2.1
4:13 b	παντες	+	h	Ø	G	TO	3	2.2.1
4:13 c	και	-	h	Ø	G	TO	3	2.2.1
4:13 d	πεπεισεμενοι	//	h	Ø	Ø	TO	4	1.2.1
4:13 e	εθαυμασαν	//	h	Ø	G	TO	3	2.2.1
4:13 f1	τινες δε εξ αυτων	+	h	Ø	G	TO	3	2.2.1
4:13 g	συνεστρεφον	//	h	Ø	G	TO	3	2.2.1
4:14 a	δε	//	h	Ø	G	TO	3	2.2.1
4:14 b	ασθενη	+	h	Ø	G	TO	3	2.2.1
4:14 c1	συν αυτοις	-	Ø	Ø	Ø	TO	8	1.2.2
4:14 d	εστωτα	-	Ø	Ø	Ø	TO	8	1.2.2
4:14 f	ποιησαι η	+	h	D	Ø	TO	2	2.1.1
4:15 a1	τοτε	+	h	Ø	G	TO	3	2.2.1
4:15 a2	συνελαλουν	+	h	Ø	G	TO	3	2.2.1
4:15 b	καλευσαντες...δε απελθειν	-	Ø	Ø	Ø	TO	8	1.2.2
4:16 a	ποιησομεν	//	h	D	Ø	TO	2	2.1.1
4:16 b	οτι μεν	-	h	Ø	Ø	TO	4	1.2.1
4:16 c	γεγονεναι	//	h	D	Ø	TO	2	2.1.1
4:16 d	φανεροτερον εστιν	//	Ø	D	Ø	TO	6	2.1.2
4:17 a1	τα ρηματα ταυτα	+	h	Ø	G	TO	3	2.2.1
4:17 b	απειλησομεθα	//	h	D	Ø	TO	2	2.1.1
4:18 a1	συνκατατιθ. δε παντων τη γνω	+	h	Ø	G	TO	3	2.2.1
4:18 b	καλεσαντες αυτους	-	h	Ø	Ø	TO	4	1.2.1
4:18 c	φωνησαντες	//	Ø	D	Ø	TO	6	2.1.2
4:18 d	προσκαλεσαμενοι	//	Ø	Ø	Ø	TO	8	1.2.2

Articles

RÉF.	VARIANTES	SIGNES ET TÉMOINS				TEXTES ET FIGURES		
3:03 b	τον	+	Ø	Ø	Ø	TO	8	1.2.2
3:04 c	ο	+	Ø	D	Ø	TO	6	2.1.2
3:04 d	τω	-	Ø	D	Ø	TO	6	2.1.2
3:06 a	ο	+	Ø	D	Ø	TO	6	2.1.2
3:12 g	τη	+	Ø	D	Ø	TO	6	2.1.2
3:17 a	τα	+	Ø	Ø	Ø	TO	8	1.2.2
3:21 e1	των	+	Ø	D	Ø	TO	6	2.1.2
3:25 a	οι	-	Ø	D	Ø	TO	6	2.1.2
4:04 e	των	-	Ø	D	G	TO	5	1.1.2
4:08 a	ο	+	Ø	Ø	Ø	TO	8	1.2.2
4:12 d	το	-	h	D	Ø	TO	2	2.1.1
4:14 e	τον	-	h	Ø	Ø	TO	4	1.2.1
4:18 e	το	+	h	D	G	TO	1	1.1.1
4:18 f	του	+	h	D	G	TO	1	1.1.1

Variantes classées : TO2

RÉF.	VARIANTES	SIGNES ET TÉMOINS			TEXTES
3:12 l	εξουσια	//	h	Ø	Ø	TO2
3:13 d1	ο θεος 1	+	Ø	D	Ø	TO2
3:13 d2	ο θεος 2	+	Ø	D	Ø	TO2
3:13 d3	θεος 1	+	Ø	Ø	Ø	TO2
3:13 e	χριστον	+	h	D	G	TO2
3:13 f	μεν	-	Ø	D	Ø	TO2
3:13 g1	(παρεδωκατε) + εις κρισιν	+	h	D	G	TO2
3:13 g2	εις κριτηριον	+	Ø	Ø	Ø	TO2
3:14 c	μαλλον	+	Ø	Ø	G	TO2
3:24 c1	οσοι	-	Ø	Ø	G	TO2
3:25 e	ημων	//	h	D	G	TO2
3:25 f	ενευλογηθησονται	//	Ø	D	Ø	TO2
4:02 a	αναγγελειν	//	Ø	D	Ø	TO2
4:02 b	τον ιησουν εν τη αναστασει	//	Ø	D	G	TO2
4:02 c	των	//	h	D	G	TO2
4:03 g	επιβαλοντες	//	h	D	Ø	TO2
4:03 h	επαυριον	//	Ø	D	Ø	TO2
4:07 c	τω	-	Ø	D	Ø	TO2

4:08 c	ακουσατε	+	Ø	Ø	Ø	TO2
4:10 d	εστηκεν	//	Ø	Ø	Ø	TO2
4:11 a1	ημων	//	Ø	D	Ø	TO2
4:11 a2	υμων	-	Ø	Ø	Ø	TO2
4:13 h1	και ιδιωτι	-	Ø	D	Ø	TO2
4:15 c	δε	-	Ø	D	Ø	TO2
4:15 d	απαχθηναι	//	h	D	Ø	TO2
4:15 e	επυνθανοντο	//	h	Ø	G	TO2
4:16 e	γαρ	-	Ø	Ø	G	TO2
4:17 c	αλλα	-	Ø	D	Ø	TO2
4:17 d	πλεον	//	Ø	D	Ø	TO2
4:17 e	τι	+	Ø	D	Ø	TO2
4:17 f	(απειλησομεθα) + ουν	+	Ø	D	Ø	TO2

Varia

RÉF.	VARIANTES	SIGNES ET TÉMOINS				TEXTES ET FIGURES	
3:04 f	εμε	//	h	Ø	G	V	3
3:05 d	παρ αυτου	//	h	Ø	Ø	V	4
3:06 d	του ναζωραιου	-	Ø	Ø	Ø	V	8
3:07 g	αυτον (2)	-	Ø	D	Ø	V	6
3:08 d	απελθην	//	Ø	Ø	G	V	7
3:10 g	τε	//	Ø	D	Ø	V	6
3:10 h	αυτον	-	Ø	Ø	Ø	V	8
3:10 i	εστιν	//	Ø	Ø	Ø	V	8
3:11 g1	τον 1	-	Ø	Ø	Ø	V	8
3:11 g2	τον 2	-	Ø	Ø	Ø	V	8
3:11 h	προς αυτους	-	Ø	Ø	Ø	V	8
3:11 i	προς αυτους	~	Ø	Ø	Ø	V	8
3:12 m	ο	-	Ø	Ø	Ø	V	8
3:12 n	προς τον λαον	-	Ø	Ø	Ø	V	8
3:17 f	ωσπερ...υμων	//	Ø	Ø	Ø	V	8
3:18 d	ος	//	Ø	Ø	Ø	V	8
3:18 e	παντων	-	Ø	Ø	Ø	V	8
3:18 f1	αυτου	-	Ø	Ø	Ø	V	8
3:18 f2	αυτου	~	Ø	Ø	G	V	7
3:20 f	και	//	Ø	Ø	Ø	V	8
3:20 g	οταν	//	Ø	Ø	Ø	V	8
3:21 f1	αυτου	-	Ø	Ø	Ø	V	8
3:21 f2	αυτου	~	Ø	Ø	Ø	V	8

3:22 e	γαρ	//	Ø	Ø	Ø	V	8
3:24 c2	οι	//	Ø	Ø	Ø	V	8
4:01 e	οχλον	//	Ø	Ø	G	V	7
4:01 f	οι στρατηγοι	//	Ø	Ø	G	V	7
4:04 g	ωσει	//	Ø	Ø	Ø	V	8
4:10 e	ισραηλ	-	Ø	Ø	Ø	V	8
4:10 f	λαω	-	Ø	Ø	Ø	V	8
4:12 g1	ετερον	-	Ø	Ø	Ø	V	8
4:12 g2	ετερον	~	Ø	D	Ø	V	6
4:12 g3	ετερον	~	Ø	Ø	Ø	V	8
4:12 h	(σωθηναι) ει μη τουτο	+	Ø	Ø	G	V	7
4:17 g	εις τον λαον	-	Ø	Ø	Ø	V	8

Variantes du TO

RÉF.	VARIANTES	SIGNES ET TÉMOINS				TEXTES ET FIGURES	
3:03 a1	ουτος	+	Ø	Ø	Ø	VTO 8	1.2.2
3:05 c2	παρ αυτων	~	h	D	Ø	VTO 6	2.1.2
3:07 a1	αυτον	-	Ø	Ø	Ø	VTO 8	1.2.2
3:07 b1	δειξας	~	h	Ø	Ø	VTO 4	1.2.1
3:07 e1	αυτου εστερεωθ.	~	Ø	Ø	Ø	VTO 8	1.2.2
3:08 a1	εξαλλομενος	-	Ø	Ø	Ø	VTO 8	1.2.2
3:08 a2	εσθη	-	Ø	Ø	Ø	VTO 8	1.2.2
3:08 b1	χαιρομενος	+	Ø	D	Ø	VTO 6	2.1.2
3:09 a1	αυτον	-	Ø	Ø	Ø	VTO 8	1.2.2
3:12 e1	quid in nos	~	Ø	Ø	Ø	VTO 8	1.2.2
3:12 k1	αυτον	-	Ø	Ø	Ø	VTO 8	1.2.2
3:13 d4	θεος 2	+	Ø	Ø	G	VTO 7	2.2.2
3:17 e2	τουτο πονηρον	+	Ø	Ø	G	VTO 7	2.2.2
3:18 c2	ουτως	~	Ø	Ø	Ø	VTO 8	1.2.2
3:20 b2	υμιν	~	Ø	Ø	Ø	VTO 8	1.2.2
3:20 e2	ιησουν	~	h	Ø	Ø	VTO 4	1.2.1
3:21 d2	απ' αιωνος	~	Ø	Ø	Ø	VTO 8	1.2.2
3:21 e2	των	~	Ø	Ø	Ø	VTO 8	1.2.2
3:22 a3	προς τους πατερας υμων	+	Ø	Ø	Ø	VTO 8	1.2.2
3:25 b2	ο θεος	~	h	D	Ø	VTO 2	2.1.1
3:26 a2	ο θεος	~	h	D	Ø	VTO 2	2.1.1
4:01 d2	και ο στρατηγος του ιερου	~	Ø	Ø	Ø	VTO 8	1.2.2
4:03 f2	ηδη	~	Ø	Ø	Ø	VTO 8	1.2.2

4:05 d2	εν ιερουσαλημ	~	Ø	Ø	Ø	VTO	8	1.2.2
4:07 a2	τουτο	~	h	Ø	Ø	VTO	4	1.2.1
4:07 a3	τουτο	~	Ø	Ø	Ø	VTO	8	1.2.2
4:10 a2	πασιν	-	Ø	Ø	G	VTO	7	2.2.2
4:10 a3	υμιν	-	Ø	Ø	Ø	VTO	8	1.2.2
4:10 a4	πασιν υμιν γνωστον	~	h	Ø	Ø	VTO	4	1.2.1
4:10 b2	χριστου	~	Ø	Ø	Ø	VTO	8	1.2.2
4:10 c2	εν αλλω δε ουδενι	~	Ø	Ø	Ø	VTO	8	1.2.2
4:12 a2	η σωτερια	-	Ø	D	Ø	VTO	2	2.1.1
4:12 f2	ημας	~	Ø	Ø	Ø	VTO	8	1.2.2
4:13 f2	τε	-	Ø	Ø	Ø	VTO	3	2.2.1
4:13 h2	και ιδιωτι	~	Ø	Ø	G	VTO	7	2.2.2
4:14 c2	συν αυτοις	~	Ø	Ø	Ø	VTO	8	1.2.2
4:17 a2	τα ρηματα ταυτα	~	Ø	Ø	Ø	VTO	8	1.2.2
4:18 a2	συνκατατιθ. δε αυτων τη γνω.	+	Ø	D	Ø	VTO	6	2.1.2
4:18 a3	συνκατατιθ. δε παντων	+	Ø	Ø	Ø	VTO	8	1.2.2

Variantes : D.

RÉF.	VARIANTES	SIGNES ET TÉMOINS				TEXTES ET FIGURES	
3:03 h	και	+	Ø	D	Ø	XD	6
3:04 e	και	+	Ø	D	Ø	XD	6
3:05 e	επειχειν	//	Ø	D	Ø	XD	6
3:10 j	γεγενημενω	//	Ø	D	Ø	XD	6
3:10 k	καθεζομενος	//	Ø	D	Ø	XD	6
3:24 c3	ο	//	Ø	D	Ø	XD	6
4:02 d	καιαπονουμενοι	//	Ø	D	Ø	XD	6
4:05 e	(την αυριον) ˢ ημεραν	+	Ø	D	Ø	XD	6
4:14 g	τε	-	Ø	D	Ø	XD	6

ÉCHANTILLON II : Actes 5:23-7:2

Variantes classées : TO.

RÉF.	VARIANTES	SIGNES ET TÉMOINS					TEXTES ET FIGURES		
5:23 a	οτι	-	Ø	Ø	Ø	TO	8	1.2.2
5:23 b	προ	//	h	Ø	Ø	TO	4	1.2.1
5:23 c1	εσω	-	h	Ø	Ø	TO	4	1.2.1
5:24 a	αρχιερευς	//	Ø	Ø	G	TO	7	2.2.2
5:24 b1	ο ---------- του ιερου	~	Ø	Ø	G	TO	7	2.2.2
5:24 b2	οι στρτηγοι του ιερου	//	Ø	Ø	G	TO	7	2.2.2
5:24 b3	του ιερου	-	Ø	Ø	Ø	TO	8	1.2.2
5:25 a2	δε τις	//	Ø	Ø	G	TO	7	2.2.2
5:25 b	οτι	-	Ø	Ø	Ø	TO	8	1.2.2
5:26 a1	ηγαγεν	//	h	Ø	Ø	TO	4	1.2.1
5:26 c	μηποτε λιθασθη	//	h	Ø	Ø	TO	4	1.2.1
5:26 d	υπο του λαου	//	h	Ø	Ø	TO	4	1.2.1
5:27 a	και ως ηγαγον	//	h	Ø	Ø	TO	4	1.2.1
5:27 b	εστησαν	-	h	Ø	Ø	TO	4	1.2.1
5:27 c	ενωπιον του συνεδριου	//	h	Ø	G	TO	3	2.2.1
5:27 d	ηρξατο προς αυτους	//	h	Ø	G	TO	3	2.2.1
5:27 e	ο στρατηγος	//	h	Ø	G	TO	3	2.2.1
5:28 a	ου	+	h	D	Ø	TO	2	2.1.1
5:28 b	υμεις δε	+	h	Ø	Ø	TO	4	1.2.1
5:28 c	εκεινου	//	h	D	Ø	TO	2	2.1.1
5:29 b	και οι αποστολοι	-	h	Ø	Ø	TO	4	1.2.1
5:29 c	προς αυτον	+	h	Ø	Ø	TO	4	1.2.1
5:29 e	τινι	+	h	Ø	Ø	TO	4	1.2.1
5:29 e1	ο δε ειπεν θεω	+	h	Ø	Ø	TO	4	1.2.1
5:29 f	μαλλον	-	h	Ø	Ø	TO	4	1.2.1
5:31 a	δοξη	//	Ø	D	Ø	TO	6	2.1.2
5:31 c	εν αυτου	+	h	D	G	TO	1	1.1.1
5:32 a1	εσμεν	-	h	Ø	Ø	TO	4	1.2.1
5:32 b	παντων	+	h	D	G	TO	1	1.1.1
5:32 c	το αγιον	-	Ø	Ø	Ø	TO	8	1.2.2
5:32 e1	ο θεος	-	Ø	Ø	Ø	TO	8	1.2.2
5:33 a	ακουοντες	//	Ø	Ø	Ø	TO	8	1.2.2
5:33 c	ταυτα	+	Ø	Ø	Ø	TO	8	1.2.2
5:33 d	εβουλευοντο	//	h	D	Ø	TO	2	2.1.1
5:34 a	εκ του συνεδριου	//	h	D	Ø	TO	2	2.1.1

5:34 b	παντι	-	Ø	Ø	Ø	TO	8	1.2.2
5:34 c1	αποστολους	//	h	D	G	TO	1	1.1.1
5:34 d	βραχιν	-	Ø	Ø	Ø	TO	8	1.2.2
5:35 a	δε	//	Ø	Ø	Ø	TO	8	1.2.2
5:35 b	παν το συνεδριον	+	h	Ø	G	TO	3	2.2.1
5:36 a	τουτου του καιρου	//	h	Ø	Ø	TO	4	1.2.1
5:36 b	τις	+	h	Ø	Ø	TO	4	1.2.1
5:36 c1	τινα	-	h	Ø	G	TO	3	2.2.1
5:36 d1	μεγαν	+	h	D	G	TO	1	1.1.1
5:36 e1	και ηκολου. αυτω ανδρ...τετ.	//	Ø	Ø	G	TO	7	2.2.2
5:36 f	διελυθη	//	Ø	D	G	TO	5	1.1.2
5:36 g1	δι'αυτου	+	Ø	D	G	TO	5	1.1.2
5:36 h1	παντες οσοι...διελυθησαν	-	Ø	Ø	Ø	TO	8	1.2.2
5:36 i	ουθεν	//	Ø	D	Ø	TO	6	2.1.2
5:37 a	επειτα	//	h	Ø	Ø	TO	4	1.2.1
5:37 b1	ικανον	+	h	Ø	Ø	TO	4	1.2.1
5:37 b2	ικανον	~	Ø	Ø	Ø	TO	8	1.2.2
5:37 c1	παντες	-	h	D	Ø	TO	2	2.1.1
5:38 b	αδελφοι	+	h	D	G	TO	1	1.1.1
5:38 c	εασατε	//	Ø	D	Ø	TO	6	2.1.2
5:38 d1	μη μιαναν. τας χειρας υμων	+	h	D	G	TO	1	1.1.1
5:39 a	η εξουσια αυτη	+	h	Ø	G	TO	3	2.2.1
5:39 b	ουτε υμεις ουτε οι αρχ. υμων	+	Ø	Ø	Ø	TO	8	1.2.2
5:39 d	αποσχ. ουν απο των ανδ. του.	+	Ø	Ø	Ø	TO	8	1.2.2
5:40 a1	απειλυσαν	+	h	Ø	Ø	TO	4	1.2.1
5:40 a2	παραγγειλαντες	//	h	Ø	Ø	TO	4	1.2.1
5:40 b	τινι	+	h	Ø	Ø	TO	4	1.2.1
5:41 a	απολυθεντες	+	h	Ø	Ø	TO	4	1:2.1
5:41 b	απηλθον	//	h	Ø	Ø	TO	4	1.2.1
5:41 c	υπερ του ονομα κατηξ.	~	Ø	D	Ø	TO	6	2.1.2
5:42 a	δε	//	Ø	D	Ø	TO	6	2.1.2
5:42 b1	κυριον	//	Ø	Ø	G	TO	7	2.2.2
6:01 a	πληθυνοντος	//	h	Ø	Ø	TO	4	1.2.1
6:01 b	του πληθους	+	h	Ø	Ø	TO	4	1.2.1
6:01 c	των ελληνιστων	-	Ø	Ø	Ø	TO	8	1.2.2
6:01 d	προς τους εβραιους	-	Ø	Ø	Ø	TO	8	1.2.2
6:01 e	(αι χηραι) των ελληνιστων	//	h	Ø	G	TO	3	2.2.1
6:01 f	υπο των διακονων των εβρα.	+	h	Ø	G	TO	3	2.2.1
6:02 a	δε	-	Ø	D	Ø	TO	6	2.1.2

6:02 b	παν	+	h	Ø	Ø	TO	4	1.2.1
6:02 c1	ημιν	//	Ø	D	G	TO	5	1.1.2
6:03 a1	τι...εστιν αδελφοι	+	h	D	G	TO	1	1.1.1
6:03 b	αυτων	+	h	D	Ø	TO	2	2.1.1
6:03 c	εξ ημων...ανδρας	~	h	D	Ø	TO	2	2.1.1
6:03 d	κυριου	+	h	Ø	Ø	TO	4	1.2.1
6:03 e	και σοφιας	-	Ø	Ø	Ø	TO	8	1.2.2
6:04 a	προσκαρτερουντες	//	h	D	Ø	TO	2	2.1.1
6:05 a	ουτος	+	h	D	G	TO	1	1.1.1
6:05 b	πληρης	//	h	D	G	TO	1	1.1.1
6:06 a	τουτους	//	h	Ø	Ø	TO	4	1.2.1
6:07 a	κυριου	//	h	D	Ø	TO	2	2.1.1
6:07 b1	εν ιερουσαλημ	-	h	Ø	Ø	TO	4	1.2.1
6:07 c1	τε	-	Ø	Ø	Ø	TO	8	1.2.2
6:08 a1	σημεια και τερατα	~	Ø	Ø	G	TO	7	2.22
6:08 b1	μεγαλα	-	h	Ø	Ø	TO	4	1.2.1
6:09 a	εξανεστησαν	//	h	Ø	Ø	TO	4	1.2.1
6:09 c	των λεγομενων	//	Ø	Ø	Ø	TO	8	1.2.2
6:09 d	αλλοι κυρηναιοι	//	h	Ø	G	TO	3	2.2.1
6:09 e	απο αλεξανδρεια	//	h	Ø	G	TO	3	2.2.1
6:10 a	οιτινες	//	h	D	G	TO	1	1.1.1
6:10 b	τη ουση εν αυτω	+	h	D	G	TO	1	1.1.1
6:10 c1	δια το ελεγχεσθαι... παρρησιας	+	h	D	G	TO	1	1.1.1
6:11 a1	μη δυνα. ουν αντο. τη αληθ	+	h	D	G	TO	1	1.1.1
6:11 b1	τοτε	-	Ø	Ø	G	TO	7	2.2.2
6:11 c	οτι	-	h	Ø	Ø	TO	4	1.2.1
6:11 d	βλασφημιας	//	h	D	Ø	TO	2	2.1.1
6:13 a	και	+	h	D	Ø	TO	2	2.1.1
6:13 b1	κατ' αυτου	+	Ø	D	G	TO	5	1.1.2
6:13 c1	ρηματα	-	h	D	G	TO	1	1.1.1
6:14 a	γαρ	-	Ø	Ø	Ø	TO	8	1.2.2
6:14 b	το εθος ο	//	h	Ø	Ø	TO	4	1.2.1
6:15 a	αυτω	//	h	D	Ø	TO	2	2.1.1
6:15 b	καθεζομενοι	-	h	Ø	Ø	TO	4	1.2.1
6:15 c	του θεου	+	h	Ø	Ø	TO	4	1.2.1
6:15 d	εσθωτος εν μεσω αυτων	+	h	D	G	TO	1	1.1.1
7:01 a	τω στεφανω	+	h	D	G	TO	1	1.1.1
7:02 a	απεκριθη	//	h	Ø	G	TO	3	2.2.1

Articles

RÉF.	VARIANTES	SIGNES ET TÉMOINS				TEXTES ET FIGURES		
5:32 d	ο	+	h	D	G	TO	1	1.1.1
5:31 b	του	-	h	D	G	TO	1	1.1.1
5:33 b1	οι	-	h	Ø	Ø	TO	8	1.2.1
5:38 a	τα	-	h	D	G	TO	1	1.1.1
6:09 b	των	-	h	Ø	G	TO	3	2.2.1
5:29 a	ο	+	Ø	Ø	Ø	TO	8	1.2.2
5:30 a	τον	+	Ø	Ø	Ø	TO	8	1.2.2
5:25 c	τη	-	Ø	Ø	Ø	TO	8	1.2.2

Variantes classées : TO2

RÉF.	VARIANTES	SIGNES ET TÉMOINS				TEXTES
5:26 a2	ηγαγον	//	Ø	D	G	TO2
5:27 d	ο ιερευς	//	Ø	D	Ø	TO2
5:29 d	προς αυτους	+	Ø	Ø	G	TO2
5:29 e2	οι δε ειπαν θεω	+	Ø	Ø	G	TO2
5:29 f	ο δε πετρος ειπεν	+	Ø	D	G	TO2
5:33 e	τα ρηματα ταυτα	+	Ø	Ø	G	TO2
5:35 d	τους αχοντας και τους συνεδ.	+	Ø	D	G	TO2
5:36 j	αριθμος ανδρος	~	h	D	Ø	TO2
5:37 d	λαον πολυν	//	Ø	D	G	TO2
5:39 c	ουτε υμεις...ουτε τυραννοι	+	h	D	G	TO2
5:39 d	και	-	Ø	D	Ø	TO2
5:39 e	απεχ. ουν απο των ανθρ.του.	+	h	D	G	TO2
5:41 d	(οι μεν ουν) αποστολοι	+	Ø	D	G	TO2
5:42 b4	τον κυριον ιησουν χριστον	//	h	D	Ø	TO2
6:01 g	ταυταις ταις ημεραις	~	Ø	D	Ø	TO2
6:02 d1	(ειπαν) προς αυτους	+	Ø	D	Ø	TO2
6:02 d2	(ειπαν) αυτοις	+	h	Ø	G	TO2
6:03 f	επιλεξασθε	//	Ø	Ø	G	TO2
6:05 c	(πληθους) των μαθητων	+	h	D	G	TO2
6:06 b	ουτοι εσταθησαν	//	Ø	D	Ø	TO2
6:08 c1	δια του ονο. του κυρ. ιησ. χρ.	+	Ø	D	Ø	TO2
6:10 d	(πνευματι) τω αγιω	+	h	D	G	TO2
6:10 e	ο ελαλει εν αυτω	//	Ø	Ø	G	TO2

6:14 c	ουτος	-	Ø	Ø	Ø	TO2
6:14 d	ναον	//	h	Ø	G	TO2
6:15 e	ητενιζον δε...και	//	Ø	D	G	TO2
6:15 f	καθεμενοι	//	Ø	D	Ø	TO2
7:01 b	(ει) αρα	+	Ø	D	Ø	TO2

Varia

RÉF.	VARIANTES	SIGNES ET TÉMOINS				TEXTES ET FIGURES		
5:25 d	(ουτοις) λεγων	+	h	Ø	Ø	V	4	1.2.1
5:25 e	εσταυτα και	-	Ø	Ø	Ø	V	8	1.2.2
5:30 b	ημων	-	Ø	Ø	Ø	V	8	1.2.2
5:34 f	ποιησαι ανθρ.	~	Ø	Ø	Ø	V	8	1.2.2
5:35 e	απο των ανθρωπ. τουτων	//	h	Ø	Ø	V	4	1.2.1
5:38 e1	η βουλη αυτη η	-	Ø	Ø	Ø	V	8	1.2.2
5:38 e2	οτι εαν η η βουλη	//	Ø	Ø	Ø	V	8	1.2.2
5:40 c	του	-	Ø	Ø	Ø	V	8	1.2.2
5:40 d	(απελυσαν) αυτοις	+	h	D	Ø	V	2	2.1.1
5:41 e	(ονοματος) ιησου	+	h	Ø	Ø	V	4	1.2.1
5:41 f	(ονοματος) αυτου	+	Ø	Ø	Ø	V	8	1.2.2
5:42 b2	χριστον	-	Ø	Ø	Ø	V	8	1.2.1
5:42 b3	χριστον	~	Ø	Ø	Ø	V	8	1.2.1
5:42 c1	και κατ'οικον	-	Ø	Ø	Ø	V	8	1.2.1
5:42 c2	και κατ' οικον	~	Ø	Ø	Ø	V	6	1.2.1
6:01 h	εκεινας	//	h	Ø	G	V	3	2.2.1
6:02 c2	υμιν	//	h	Ø	Ø	V	4	1.2.1
6:02 e	τους δωδεκα	//	Ø	Ø	Ø	V	8	1.2.2
6:02 f	καταλειψαντας ημας	~	Ø	Ø	Ø	V	8	1.2.2
6:03 g	επισκεψωμεθα	//	Ø	Ø	Ø	V	8	1.2.2
6:03 h	εξ ημων	//	Ø	Ø	Ø	V	8	1.2.2
6:07 d	ιουδαιων	//	Ø	Ø	Ø	V	8	1.2.2
6:08 c2	του.	-	Ø	Ø	Ø	V	8	1.2.2
6:08 c3	χριστου.	-	Ø	Ø	Ø	V	8	1.2.2
6:08 c4	ιησου χριστου	-	Ø	Ø	G	V	7	2.2.2
6:09 f	της λεγομενης	-	Ø	Ø	Ø	V	8	1.2.2
6:12 a	τον λαον και	-	Ø	Ø	Ø	V	8	1.2.2
6:13 b2	κατ' αυτου	~	h	Ø	Ø	V	4	1.2.1
6:13 d1	και του νομου	-	Ø	Ø	Ø	V	8	1.2.2
6:13 d2	νομου...τοπου	~	h	Ø	G	V	3	2.2.1
6:13 e1	τουτου	-	Ø	D	Ø	V	6	2.1.2

| 6:13 e2 | τουτου | ~ | Ø | Ø | Ø | V | 8 | 1.2.2 |
| 6:15 g | παντες | - | Ø | Ø | Ø | V | 8 | 1.2.2 |

Variantes du TO.

RÉF.	VARIANTES	SIGNES ET TÉMOINS				TEXTES ET FIGURES		
5:11 b2	τοτε	~	h	Ø	Ø	VTO	4	1.2.1
5:23 c2	εσω	~	Ø	Ø	Ø	VTO	8	1.2.2
5:23 c3	εσω	~	Ø	Ø	Ø	VTO	8	1.2.2
5:25 a1	παραγενομενος	-	Ø	Ø	Ø	VTO	8	1.2.2
5:32 a2	εσμεν	~	h	Ø	Ø	VTO	4	1.2.1
5:32 a3	εσμεν	~	Ø	Ø	Ø	VTO	8	1.2.2
5:32 e2	ο θεος	~	Ø	Ø	Ø	VTO	8	1.2.2
5:33 b2	δε	~	h	Ø	Ø	VTO	8	1.2.1
5:34 c2	(αποστολους) εξω	~	h	D	Ø	VTO	2	2.1.1
5:34 e	βραχιν	~	Ø	Ø	Ø	VTO	8	1.2.2
5:35 c	τους συνεδριους	//	Ø	Ø	Ø	VTO	8	1.2.2
5:36 c2	τινα	~	Ø	Ø	Ø	VTO	8	1.2.2
5:36 d2	μεγν	~	h	Ø	G	VTO	3	2.2.1
5:36 e2	και	+	Ø	D	Ø	VTO	5	2.1.2
5:36 e3	ως	-	Ø	Ø	Ø	VTO	8	1.2.2
5:36 g2	δι'αυτου και	~	Ø	D	G	VTO	5	1.1.2
5:36 h2	διηλυθησαν	-	Ø	D	Ø	VTO	6	2.1.2
5:37 c2	παντες	~	Ø	Ø	Ø	VTO	8	1.2.2
5:38 d2	υμων	-	Ø	D	Ø	VTO	6	2.1.2
6:03 a2	ουν	//	Ø	Ø	G	VTO	7	2.2.2
6:07 b2	εν ιερουσαλημ	~	Ø	Ø	Ø	VTO	8	1.2.2
6:07 c2	δε	//	h	Ø	Ø	VTO	4	1.2.1
6:07 c3	γαρ	//	Ø	Ø	Ø	VTO	8	1.2.2
6:08 a2	τερατα και	-	Ø	Ø	Ø	VTO	8	1.2.2
6:08 b2	μεγαλα	~	Ø	Ø	Ø	VTO	8	1.2.2
6:10 c2	διοτι ελεγχοντο	+	Ø	Ø	Ø	VTO	8	1.2.2
6:11 a2	επει. ουκ ηδυν. αντ. τη αληθ.	+	Ø	Ø	Ø	VTO	8	1.2.2
6:13 c2	ρηματα	~	h	D	G	VTO	1	1.1.1

Variantes : D.

RÉF.	VARIANTES	SIGNES ET TÉMOINS				TEXTES ET FIGURES		
5:26 b	φοβουμενοι	//	Ø	D	Ø	XD	4	1.2.1
5:28 d	και	-	Ø	D	Ø	XD	6	2.1.2
6:04 b	εσομεθα	+	Ø	D	Ø	XD	6	2.1.2
6:06 c	οιτινες	//	Ø	D	Ø	XD	6	2.1.2
7:01 c	τουτο	//	Ø	D	Ø	XD	6	2.1.2

ÉCHANTILLON III : Actes 7:42-8:1

Variantes classées : TO.

RÉF.	VARIANTES	SIGNES ET TÉMOINS				TEXTES ET FIGURES		
7:42 a	αυτους	+	h	Ø	G	TO	3	2.2.1
7:42 c1	εν τη ερημω	+	h	D	G	TO	1	1.1.1
7:43 a	ρεμφαν	//	h	D	G	TO	1	1.1.1
7:44 b	εωρακεν	//	Ø	D	Ø	TO	6	2.1.2
7:46 a	σκηνωμα ευρειν	~	h	D	Ø	TO	2	2.1.1
7:48 b	ου	//	Ø	D	Ø	TO	6	2.1.2
7:48 c	κατοικει εν χειροπ.	~	h	D	Ø	TO	2	2.1.1
7:49 a	εστιν (1)	+	h	D	Ø	TO	2	2.1.1
7:49 b	οικοδομησετε	//	h	D	G	TO	1	1.1.1
7:49 c	λεγει κυριος	-	h	Ø	Ø	TO	4	1.2.1
7:49 d	ποιος	+	h	D	Ø	TO	2	2.1.1
7:49 e	εστιν (2)	+	h	D	Ø	TO	2	2.1.1
7:50 a1	(παντα) ταυτα	~	h	D	Ø	TO	2	2.1.1
7:51 a	τη καρδια	//	h	Ø	G	TO	3	2.2.1
7:51 b1	τω αγιω	-	Ø	Ø	Ø	TO	8	1.2.2
7:51 c	καθως	//	Ø	D	Ø	TO	6	2.1.2
7:51 d1	και υμεις	-	h	D	Ø	TO	2	2.1.1
7:52 a1	νυν	-	Ø	Ø	Ø	TO	8	1.2.2
7:54 a	ακουσαντες	//	h	Ø	Ø	TO	2	2.1.1
7:55 b1	εν πνευματι αγιω	//	h	Ø	Ø	TO	4	1.2.1
7:55 c1	εσθωτα	-	Ø	Ø	Ø	TO	8	1.2.2
7:55 d1	του θεου	-	Ø	Ø	Ø	TO	8	1.2.2
7:56 a	ανεωγμενους	//	Ø	D	Ø	TO	6	2.1.2
7:57 a1	ο δε λαος	+	h	Ø	G	TO	3	2.2.1
7:57 b	ακουσας ταυτα	+	h	Ø	G	TO	7	2.2.2
7:57 c	εκραξεν...και	+	h	Ø	Ø	TO	4	1.2.1
7:57 d	δε	-	h	Ø	Ø	TO	4	1.2.1
7:57 e	και	+	h	Ø	Ø	TO	4	1.2.1
7:57 f	παντες	//	h	Ø	Ø	TO	4	1.2.1
7:58 a	αυτον	+	h	D	G	TO	1	1.1.1
7:58 b	εαυτων	-	Ø	Ø	Ø	TO	8	1.2.2
7:58 c	ου το ονομα καλειται	//	h	Ø	Ø	TO	4	1.2.1
7:58 d	σαουλ	//	Ø	Ø	Ø	TO	8	1.2.2
7:60 a1	δε	-	Ø	D	Ø	TO	6	2.1.2
7:60 a3	και	//	Ø	Ø	Ø	TO	8	1.2.2

8:01 a1	θλιψις	//	Ø	Ø	Ø	TO	8	1.2.2
8:01 b1	και	//	Ø	Ø	G	TO	7	2.2.2
8:01 c	κωμας	//	h	Ø	Ø	TO	4	1.2.1
8:01 d	οι εμειναν εν ιερουσαλεμ	+	h	D	G	TO	1	1.1.1

Articles

RÉF.	VARIANTES	SIGNES ET TÉMOINS				TEXTES ET FIGURES		
7:42 b	των	-	Ø	D	Ø	TO	6	2.1.2
7:44 a	o	-	h	D	Ø	TO	2	2.1.1
7:48 a	o δε	//	Ø	D	Ø	TO	6	2.1.2
7:55 a	o δε	+	h	Ø	G	TO	3	2.2.1

Variantes classées : TO2

RÉF.	VARIANTES	SIGNES ET TÉMOINS				TEXTES
7:43 b	επι τα μερη	//	Ø	D	Ø	TO2
7:44 c	εν	+	Ø	D	Ø	TO2
7:49 f	μου (1)	//	Ø	D	G	TO2
7:54 b	αυτου	//	Ø	D	G	TO2
7:54 c1	εβρυχοντο	//	Ø	Ø	Ø	TO2
7:55 e	(ιησουν) τον κυριον	+	h	D	G	TO2
7:58 e	αυτων	//	Ø	D	Ø	TO2
7:58 f	(νεανιου) τινος	+	Ø	D	Ø	TO2
7:58 g	ονοματι	//	Ø	Ø	Ø	TO2
7:60 b	λεγων	+	Ø	D	G	TO2

Varia

RÉF.	VARIANTES	SIGNES ET TÉMOINS				TEXTES ET FIGURES	
7:42 d	παρεδωκεν	-	Ø	Ø	Ø	V	8
7:43 c	υμων	+	h	Ø	G	V	3
7:44 d	ημων	-	Ø	Ø	Ø	V	8
7:44 e1	εν τη ερημω	-	Ø	Ø	Ø	V	8
7:44 e2	εν τη ερημω	~	Ø	Ø	G	V	7
7:46 b	κυριου	//	Ø	Ø	Ø	V	8
7:46 c	θεω	//	h	Ø	G	V	3
7:47 a	αυτω	-	Ø	Ø	Ø	V	8

7:48 e	(καθως) και	+	Ø	Ø	Ø	V	8
7:49 g	η δε γη	//	Ø	D	Ø	V	6
7:51 e	καρδιαις (υμων)	//	Ø	Ø	Ø	V	8
7:52 b	(τινα) γαρ	+	Ø	Ø	G	V	7
7:56 b1	εσθωτα εκ δεξιων	~	Ø	Ø	Ø	V	8
7:56 b2	του θεου εσθωτα	~	h	Ø	Ø	V	4
7:60 c2	φωνην μεγαλην	~	Ø	Ø	Ø	V	8

Variantes du TO.

RÉF.	VARIANTES	SIGNES ET TÉMOINS				TEXTES ET FIGURES		
7:50 a2	παντα	-	Ø	Ø	Ø	VTO	8	1.2.2
7:51 b2	τω αγιω πν.	~	h	Ø	Ø	VTO	4	1.2.1
7:51 d2	υμεις...πατεραις	~	Ø	Ø	G	VTO	7	2.2.2
7:52 a2	νυν	~	h	Ø	G	VTO	3	2.2.1
7:52 a3	νυν	~	Ø	Ø	Ø	VTO	8	1.2.2
7:55 b2	αγιου	-	Ø	Ø	Ø	VTO	8	1.2.2
7:55 c2	εσθωτα	~	h	D	Ø	VTO	2	2.1.1
7:55 d2	αυτου	//	Ø	Ø	Ø	VTO	8	1.2.2
7:57 a2	ο δε λαος	~	Ø	Ø	Ø	VTO	8	1.2.2
7:57 d2	ομοθυμαδον	-	Ø	Ø	Ø	VTO	8	1.2.2
7:60 a2	τε	//	Ø	Ø	Ø	VTO	8	1.2.2
8:01 a2	(διωγμος) και θλιψις	+	Ø	D	Ø	VTO	6	2.1.2
8:01 a3	θλιψις...(και διωγμος)	+	h	Ø	G	VTO	3	2.2.1
8:01 b2	τε	//	Ø	Ø	Ø	VTO	8	1.2.2
8:01 b3	δε	-	Ø	Ø	Ø	VTO	8	1.2.2

Variantes : D.

RÉF.	VARIANTES	SIGNES ET TÉMOINS				TEXTES ET FIGURES	
7:48 d	ως	//	Ø	D	Ø	XD	6
7:54 c2	και εβρυχον τε	//	Ø	D	Ø	XD	6
7:60 c1	φωνην μεγαλην	//	Ø	D	Ø	XD	6

ÉCHANTILLON IV : Actes 14:5-14:23

Variantes classées : TO.

RÉF.	VARIANTES	SIGNES ET TÉMOINS				TEXTES ET FIGURES	
14:06 a1	και καταφυγ..αυτων (Vers.)	//	Ø	Ø	Ø	TO 8	1.2.2
14:06 a2	και καταφυγοντες κατηντησαν	//	h	D	G	TO 1	1.1.1
14:07 a	και	//	h	Ø	G	TO 3	2.2.1
14:07 b1	και εκιν. ολ. το εθνος...αυτων	+	h	Ø	G	TO 3	2.2.1
14:08 a	ο δε παυλος...εν λυστροις	+	h	D	G	TO 1	1.1.1
14:08 b	και	-	h	Ø	G	TO 3	2.2.1
14:08 c	ην	+	h	Ø	G	TO 3	2.2.1
14:08 d	καθεμενος	+	h	Ø	G	TO 3	2.2.1
14:08 e	(εκαθητο) αδυνατος	~	h	D	Ø	TO 2	2.1.1
14:08 f	εν λυστροις	-	h	D	G	TO 1	1.1.1
14:08 g	χωλος	-	h	D	Ø	TO 2	2.1.1
14:08 h	ος εκ κοιλος	~	h	Ø	Ø	TO 4	1.2.1
14:09 a	ηκουσεν	//	h	D	Ø	TO 2	2.1.1
14:09 b	υπαρχων εν φοβω	+	h	D	Ø	TO 2	2.1.1
14:09 c1	ος	-	h	D	G	TO 1	1.1.1
14:09 c2	ο παυλος	+	h	D	G	TO 1	1.1.1
14:09 d	ειδως	//	h	Ø	G	TO 3	2.2.1
14:11 a	δε	//	Ø	D	G	TO 5	1.1.2
14:11 b	ο οχλος	//	Ø	Ø	Ø	TO 8	1.2.2
14:11 e1	αυτων	-	h	Ø	Ø	TO 4	1.2.1
14:12 a	τε	-	Ø	Ø	G	TO 7	2.2.2
14:12 c	διαν	//	Ø	D	Ø	TO 6	2.1.2
14:13 a	δε	//	Ø	D	G	TO 5	1.1.2
14:13 b	οι...ιερεις	//	Ø	D	Ø	TO 6	2.1.2
14:13 c	ενεγκαντες	//	Ø	D	Ø	TO 6	2.1.2
14:13 e	του οντος ( ) διος	~	Ø	D	Ø	TO 6	2.1.2
14:13 f	τω οχλω	//	h	Ø	Ø	TO 4	1.2.1
14:13 g	επιθυειν	//	Ø	D	Ø	TO 6	2.1.2
14:14 a	οι αποστολοι	-	h	D	Ø	TO 2	2.1.1
14:14 b	παυλος και βαρναβας	~	h	Ø	G	TO 3	2.2.1
14:14 c	αυτων	//	Ø	D	Ø	TO 6	2.1.2
14:14 d	φωνουντες	//	Ø	D	Ø	TO 6	2.1.2
14:15 a	και λεγοντες	-	Ø	D	Ø	TO 6	2.1.2
14:15 b1	ταυτα	-	Ø	Ø	Ø	TO 8	1.2.2

14:15 c1	και	-	h	D	Ø	TO	2	2.1.1
14:15 d	υμιν τον θεον	//	h	D	G	TO	1	1.1.1
14:15 e	οπως...επιστρεψετε	//	h	D	Ø	TO	2	2.1.1
14:15 f1	τον θεον ζωντα	-	h	Ø	Ø	TO	4	1.2.1
14:15 g	τον ποιησαντα	//	h	D	Ø	TO	2	2.1.1
14:16 a	παν εθνος ανθρωπον	//	h	Ø	Ø	TO	4	1.2.1
14:16 b	αυτου	//	h	Ø	Ø	TO	4	1.2.1
14:17 a	καιγε	//	Ø	D	Ø	TO	6	2.1.2
14:17 b	εαυτον	//	Ø	D	Ø	TO	6	2.1.2
14:17 c	αφηκεν εαυτον	~	h	D	Ø	TO	2	2.1.1
14:18 a	μογις	//	Ø	D	G	TO	5	1.1.2
14:18 b	επεισαν	//	h	Ø	G	TO	3	2.2.1
14:18 c	ανθρωπους	//	h	Ø	Ø	TO	4	1.2.1
14:18 d	και απειλ. αυτους αφ'εαυτου	+	h	Ø	Ø	TO	4	1.2.1
14:19 a1	διατριβ. αυτων διδασκ.	+	h	D	G	TO	1	1.1.1
14:19 b	τινες	+	h	D	G	TO	1	1.1.1
14:19 c	ιουδ. απο ικον. και αντιοχ.	~	h	D	G	TO	1	1.1.1
14:19 d	διαλεγ. αυτων...ψευδονται	+	h	Ø	G	TO	3	2.2.1
14:19 e	κινησαντες τον οχλον	+	h	Ø	Ø	TO	4	1.2.1
14:19 f	ινα λιθασθωσιν	//	h	Ø	Ø	TO	4	1.2.1
14:19 g	νομισαντες	//	Ø	.Ø	Ø	TO	8	1.2.2
14:19 h	τεθναναι	//	Ø	D	Ø	TO	6	2.1.2
14:20 a	και αναχωρησαντος του οχλου	+	h	Ø	G	TO	3	2.2.1
14:20 b	τη εσπερα	+	h	Ø	G	TO	3	2.2.1
14:20 c	λισθραν	//	h	D	Ø	TO	2	2.1.1
14:21 a1	δε	//	Ø	D	G	TO	5	1.1.2
14:21 b1	ευαγγελιζομενοι	//	Ø	D	Ø	TO	6	2.1.2
14:21 c	τους εν τη πολει	//	h	D	Ø	TO	2	2.1.1
14:21 d	εκεινην	-	h	D	Ø	TO	2	2.1.1
14:21 f	εις (2.3)	-	h	D	G	TO	1	1.1.1
14:22 a1	ημας	-	Ø	Ø	Ø	TO	8	1.2.2
14:22 a2	υμας	//	h	Ø	Ø	TO	4	1.2.1
14:23 a	πρεσ. κατ' εκκλε.	~	h	Ø	Ø	TO	4	1.2.1
14:23 b	πεπιστευκασιν	//	Ø	D	Ø	TO	6	2.1.2

Articles

RÉF.	VARIANTES	SIGNES ET TÉMOINS				TEXTES ET FIGURES	
14:11 c	ο	+	Ø	Ø	Ø	TO	8	1.2.2

14:11 f	τοις	+	Ø	D	G	TO	5	1.1.2
14:11 d	την	-	Ø	D	Ø	TO	6	2.1.2
14:12 b	τον (1)	-	Ø	D	Ø	TO	6	2.1.2
14:12 d	o	-	Ø	D	Ø	TO	6	2.1.2
14:21 e	την	-	Ø	D	Ø	TO	6	2.1.2

Variantes classées : TO2.

RÉF.	VARIANTES	SIGNES ET TÉMOINS			TEXTES
14:10 a	σοι λεγω εν τω ονοματι του κυριου ιησου. χριστου	+	h	D	G	TO2
14:10 b	και περιπατει	+	h	D	G	TO2
14:10 c1	ευθεως	+	Ø	Ø	G	TO2
14:10 c2	παραχρημα	+	Ø	Ø	Ø	TO2
14:10 c3	ευθως παραχρημα	+	Ø	D	Ø	TO2
14:12 e	δε	//	Ø	D	Ø	TO2
14:17 d	αγαθοποιων	//	Ø	D	Ø	TO2
14:18 e	ειποντες	//	Ø	Ø	Ø	TO2
14:18 f	αλλα παρευσ. ιδια	+	Ø	Ø	Ø	TO2
14:20 d	κυκλωσαντες	//	Ø	D	Ø	TO2
14:20 e	οι μαθηται	//	Ø	Ø	Ø	TO2
14:20 f	ειστηγαγον αυτον	//	Ø	Ø	Ø	TO2
14:21 g	εν τη πολλει εκεινη	//	Ø	Ø	G	TO2
14:22 b	και (παρακ.)	+	h	Ø	Ø	TO2
14:22 c	(παρακ.) τε	+	Ø	D	Ø	TO2

Varia

RÉF.	VARIANTES	SIGNES ET TÉMOINS			TEXTES ET FIGURES		
14:07 c	κακει ησαν ευαγ. τον λογον...	//	Ø	Ø	Ø	V	8	1.2.2
14:08 i1	αδυνατος	-	Ø	Ø	Ø	V	8	1.2.2
14:08 i2	τοις πασιν	-	Ø	Ø	Ø	V	8	1.2.2
14:08 j	εν λυστροις αδυνατος	~	Ø	Ø	Ø	V	8	1.2.2
14:10 d	ενηλλατο	//	Ø	D	Ø	V	6	2.1.2
14:14 e	ακουσας	//	Ø	D	Ø	V	6	2.1.2
14:14 f	το ιματιον αυτου	//	Ø	D	Ø	V	6	2.1.2
14:15 h	και την θαλασσαν	-	Ø	Ø	Ø	V	8	1.2.2
14:18 g	λεγων	//	Ø	Ø	Ø	V	8	1.2.2
14:19 i	και ικονιου	-	Ø	Ø	Ø	V	8	1.2.2

14:20 g	(μαθητων) αυτου	+	Ø	D	Ø	V	6	2.1.2
14:20 h	δερβην συν τω βαρναδα	~	Ø	Ø	Ø	V	8	1.2.2
14:21 b2	ευαγγελισαμενος	//	h	Ø	Ø	V	4	1.2.1
14:22 e	λεγοντες	+	h	Ø	Ø	V	4	1.2.1
14:23 c	(εις ον) και	+	Ø	Ø	Ø	V	8	1.2.2

Variantes du TO

RÉF.	VARIANTES	SIGNES ET TÉMOINS				TEXTES ET FIGURES		
14:07 b2	και εκιν. ολ. το πληθος	+	Ø	D	Ø	VTO	6	2.1.2
14:11 e2	αυτων	~	Ø	Ø	Ø	VTO	8	1.2.2
14:13 d	ηθελον	//	Ø	D	Ø	VTO	6	2.1.2
14:15 b2	ταυτα	~	Ø	Ø	Ø	VTO	8	1.2.2
14:15 c2	και ημεις	-	Ø	Ø	Ø	VTO	8	1.2.2
14:15 f2	θεον	-	Ø	Ø	Ø	VTO	8	1.2.2
14;15 f3	ζωτα	-	Ø	Ø	C	VTO	8	1.2.2
14:19 a2	δε	-	Ø	D	Ø	VTO	6	2.1.2
14:19 a3	δε	~	Ø	Ø	Ø	VTO	8	1.2.2
14:19 a4	και	-	h	C	G	VTO	3	2.2.1
14:21 a2	τε	-	Ø	Ø	Ø	VTO	8	1.2.2
14:22 a2	υμας	//	h	Ø	Ø	VTO	4	1.2.1

Variantes : D.

RÉF.	VARIANTES	SIGNES ET TÉMOINS				TEXTES ET FIGURES		
14:21 h	πολλους	//	Ø	D	Ø	XD	6	2.1.2
14:21 i	υπεστρεφον	//	Ø	D	Ø	XD	6	2.1.2
14:22 d	ελθειν	//	Ø	D	Ø	XD	6	2.1.2

ÉCHANTILLON V : Actes 1:1-18 Actes : 2:1-13

Variantes classées : TO

RÉF.	VARIANTES	SIGNES ET TÉMOINS				TEXTES ET FIGURES		
1:02 a	εν η ημερα	//	F	Ø	Ø	TO	4	1.2.1
1:02 b	τους αποστολους εξελεξατο	//	F	Ø	Ø	TO	4	1.2.1
1:02 c	εξελεξατο δια πν. αγ.	~	F	Ø	Ø	TO	4	1.2.1
1:02 d	ανελημφθη	-	F	Ø	Ø	TO	4	1.2.1
1:02 e	και ενετειλατο	+	F	Ø	Ø	TO	4	1.2.1
1:02 f	κηρυσσειν το ευαγγελιον	+	F	D	G	TO	1	1.1.1
1:03 a	επι ημερας	//	Ø	Ø	Ø	TO	8	1.2.2
1:03 b	διδασκων	//	F	Ø	Ø	TO	4	1.2.1
1:04 a	συναυλιζομενος	//	F	Ø	Ø	TO	4	1.2.1
1:04 b	μετ' αυτων	+	F	D	Ø	TO	2	2.1.1
1:04 c	φησιν	+	F	D	Ø	TO	2	2.1.1
1:04 d	εκ του στοματος	+	F	D	G	TO	1	1.1.1
1:05 a	ο και μελλετε λαμβανειν	+	F	D	Ø	TO	2	2.1.1
1:05 b1	εως της πεντηκοτης	+	F	D	G	TO	1	1.1.1
1:06 a	επηρωτων	//	F	D	Ø	TO	2	2.1.1
1:06 d	ποτε	+	F	Ø	G	TO	3	2.2.1
1:06 e	βασιλεια	//	F	Ø	G	TO	3	2.2.1
1:07 a	ο δε	//	F	Ø	Ø	TO	4	1.2.1
1:07 b	προς αυτους	-	F	Ø	Ø	TO	4	1.2.1
1:07 c	ουδεις δυναται	//	F	Ø	Ø	TO	4	1.2.1
1:08 a	μοι	//	F	Ø	G	TO	3	2.2.1
1:08 b	εν (2)	-	Ø	D	G	TO	5	1.1.2
1:08 c	και (4)	-	Ø	Ø	G	TO	7	2.2.2
2:01 a	εγενετο	+	Ø	D	G	TO	5	1.1.2
2:01 b	τας ημερας	//	Ø	Ø	G	TO	7	2.2.2
2:01 c	οντων αυτων (παντων)	//	Ø	D	Ø	TO	6	2.1.2
2:01 d	παντες	-	Ø	Ø	Ø	TO	8	1.2.2
2:01 e1	ομου	-	Ø	D	G	TO	5	1.1.2
2:02 a	ιδου	//	Ø	D	G	TO	5	1.1.2
2:02 b1	αφνω	-	Ø	Ø	Ø	TO	8	1.2.2
2:02 c	και επληρωσεν... καθημενοι	-	Ø	Ø	Ø	TO	8	1.2.2
2:03 a	ωφθη αυτοις	//	Ø	Ø	Ø	TO	8	1.2.2
2:03 b	διαμεριζομενοι γλωσσαι	-	Ø	Ø	Ø	TO	8	1.2.2
2:03 c	ο	+	F	Ø	Ø	TO	4	1.2.1

2:04 a	και επλησθησαν... αγιου	-	Ø	Ø	Ø	TO	8	1.2.2
2:04 b	ετεραις	-	F	Ø	Ø	TO	4	1.2.1
2:05 a	δε	-	Ø	D	Ø	TO	6	2.1.2
2:05 b	εν ιερουσαλεμ ησαν	~	F	D	Ø	TO	2	2.1.1
2:05 c1	κατοικουντες	-	Ø	Ø	G	TO	7	2.2.2
2:05 d1	ευλαβεις	-	F	Ø	Ø	TO	4	1.2.1
2:05 d2	ευλαβεις	~	Ø	D	Ø	TO	6	2.1.2
2:06 a	και	//	Ø	D	Ø	TO	6	2.1.2
2:06 b	ηκουον	//	Ø	D	Ø	TO	6	2.1.2
2:06 c	λαλουντων...γλωσσαι	//	Ø	D	G	TO	5	1.1.2
2:07 a	προς αλληλους	+	F	D	Ø	TO	2	2.1.1
2:07 b	ουχ	//	Ø	D	Ø	TO	6	2.1.2
2:07 c	ιδου	-	F	Ø	G	TO	3	2.2.1
2:07 d	απαντες	//	Ø	D	Ø	TO	6	2.1.2
2:07 e	εισιν	-	Ø	Ø	Ø	TO	8	1.2.2
2:07 f	οι λαλουντες	-	Ø	Ø	Ø	TO	8	1.2.2
2:08 a	ημεις	-	F	Ø	Ø	TO	4	1.2.1
2:08 b	επιγινωσκομεν	//	F	Ø	Ø	TO	4	1.2.1
2:08 c	αυτοις	//	F	D	Ø	TO	2	2.1.1
2:08 d	ημων	-	F	Ø	Ø	TO	4	1.2.1
2:08 e1	εκαστος	-	F	Ø	Ø	TO	4	1.2.1
2:09 a	και 1	-	F	Ø	Ø	TO	4	1.2.1
2:09 b	και 2	-	F	Ø	Ø	TO	4	1.2.1
2:09 c	και 3	-	F	Ø	Ø	TO	4	1.2.1
2:09 d	τε	-	Ø	D	Ø	TO	6	2.1.2
2:09 e	αρμενιαν	//	F	Ø	Ø	TO	4	1.2.1
2:10 a1	τε	-	F	Ø	Ø	TO	4	1.2.1
2:11 a	ηκουον	//	F	Ø	Ø	TO	4	1.2.1
2:11 b1	ταις ημετεραις	//	Ø	Ø	Ø	TO	8	1.2.2
2:12 a	παντες	-	F	Ø	Ø	TO	4	1.2.1
2:12 b	και διηπορουντο	-	Ø	Ø	Ø	TO	8	1.2.2
2:12 c1	αλλος προς αλλον	-	F	Ø	Ø	TO	4	1.2.1
2:12 d	επι τω εγονοτι	+	F	D	Ø	TO	2	2.1.1
2:12 e	τουτο θελοι	~	F	Ø	Ø	TO	4	1.2.1
2:13 a	διεχλευαζον λεγοντες	//	F	D	G	TO	1	1.1.1
2:13 b	οτι	-	F	Ø	Ø	TO	4	1.2.1
2:13 c1	ουτοι	+	F	D	Ø	TO	2	2.1.1
2:13 d	γλευκει παντες βεβαρη. εισιν	//	F	Ø	Ø	TO	4	1.2.1

Articles

RÉF.	VARIANTES	SIGNES ET TÉMOINS				TEXTES ET FIGURES		
1:01 a	o	+	F	Ø	G	TO	3	2.2.1
1:06 b	του	//	F	D	Ø	TO	2	2.1.1

Variantes classées : TO2

RÉF.	VARIANTES	SIGNES ET TÉMOINS				TEXTES
1:02 g	ημερας ανελημφθη	~	Ø	D	G	TO2
1:02 h	και εκελευσεν	+	Ø	D	G	TO2
1:03 c	δια	-	Ø	D	Ø	TO2
1:03 d	τεσσαρακοντα	~	Ø	D	Ø	TO2
1:05 c	αγιω βαπτισθ.	~	F	D	Ø	TO2
1:07 d	και ειπεν	//	Ø	D	Ø	TO2
2:02 d	βιαιας πνοης	~	Ø	D	Ø	TO2
2:02 e	ολον	-	Ø	Ø	Ø	TO2
2:02 f	τοπον	//	Ø	Ø	Ø	TO2
2:02 g	καθεζομενοι	//	Ø	D	Ø	TO2
2:03 d	εκαθισαν	//	Ø	D	G	TO2

Varia

RÉF.	VARIANTES	SIGNES ET TÉMOINS				TEXTES ET FIGURES
1:02 i	ενετειλατο	//	Ø	Ø	Ø	V 8
1:02 j	το ευαγγ. ους εξελεξατο	~	Ø	Ø	Ø	V 7
1:03 e	αυτοις	~	Ø	Ø	Ø	V 8
1:04 f	αυτοις	-	Ø	Ø	Ø	V 8
1:04 g	αυτοις	~	Ø	Ø	Ø	V 8
1:05 d	βαπτιζ. εν πνε. αγιω	~	Ø	Ø	Ø	V 8
2:01 e2	ομοθυμαδον	//	F	Ø	Ø	V 4
2:06 d	ηκουεν	//	F	Ø	Ø	V 4
2:07 g	λεγοντες	//	Ø	Ø	Ø	V 8
2:09 f	ιουδαιαν	-	Ø	Ø	Ø	V 8
2:09 g	ιουδαιοι	//	Ø	Ø	Ø	V 8
2:12 f	εξισταντο	-	Ø	Ø	Ø	V 8
2:12 g	διηπορουν	//	Ø	D	Ø	V 6
2:13 c2	ουτοι	~	Ø	Ø	Ø	V 8

Variantes du TO.

RÉF.	VARIANTES	SIGNES ET TÉMOINS				TEXTES ET FIGURES		
1:05 b2	αλλ' εως της πεντηκοτης	+	Ø	Ø	G	VTO	7	2.2.2
2:02 b2	αφνω	~	Ø	Ø	Ø	VTO	8	1.2.2
2:02 b3	αφνω	~	Ø	Ø	Ø	VTO	8	1.2.2
2:05 c2	κατοικουντες	~	Ø	Ø	Ø	VTO	8	1.2.2
2:05 c3	κατοικουντες	~	Ø	Ø	Ø	VTO	8	1.2.2
2:05 c4	κατοικουντες	~	Ø	Ø	Ø	VTO	8	1.2.2
2:08 e2	εκαστος	~	Ø	Ø	Ø	VTO	8	1.2.2
2:10 a2	τε	~	Ø	D	Ø	VTO	6	2.1.2
2:11 b2	αυτων	//	F	Ø	Ø	VTO	4	1.2.1
2:12 c2	αλλος προς αλλον	~	Ø	Ø	Ø	VTO	8	1.2.2
2:12 c3	αλλος προς αλλον	~	Ø	Ø	G	VTO	7	2.2.2

Variantes : D.

RÉF.	VARIANTES	SIGNES ET TÉMOINS				TEXTES ET FIGURES
1:04 e	συναλισκομενος	//	Ø	D	Ø	XD	6
1:06 c	αποκαταστανεις	//	Ø	D	Ø	XD	6

INDEX DES ABRÉVIATIONS
DE TEXTES

53, 54, 56, 60, 64, 67, 68, 69,.
70, 71, 73, 76, 77, 78, 79
TO2, 9, 10, 18, 26, 29, 30, 31,
32, 33, 34, 35, 37, 38, 41, 42,
49, 53, 54, 56, 58, 62, 72, 73,
76, 77
TX, 59, 60, 61, 62, 63, 67, 68,
71, 72, 73, 76

INDEX DES SIGLES

BIBLIOGRAPHIE

ALAND B., *Entstehung Charakter* = B. ALAND, *Entstehung Charakter und Herkunft des sog. westlichen Textes untersucht an der Apostelgeschichte,* E.T.L 62, 1986, pp. 5-65.

BACON B.W., *Variants.* = B.W. BACON, *Some "Western" Variants in the Text of Acts,* H.Th.R. 21, 1928, 113-145.

BARRETT C.K., *Theological Tendency.* = C.K. BARRETT, *Is There a Theological Tendency in Codex Bezae?,* in E. BEST and R. McL. WILSON (ed.), *Text and Interpretation : Studies Presented to M. BLACK,* Cambridge, 1979, pp. 15-27.

BEDIER J., *La Loi de l'Ombre.* = J. BEDIER, *La Loi de l'Ombre par Jean Renart,* .Paris, 1913.

BEDIER J., *La tradition manuscrite.* = J. BEDIER, *La Tradition manuscrite du Loi de l'Ombre, Réflexion sur l'art d'éditer les anciens textes,* Romania, LIV, 1928, pp. 161-196, pp. 321-356.

BLACK M., *An Aramaic Approach.* = M. BLACK, *An Aramaic Approach to the Gospels and Acts.,* ed.1, 1946, 2 ed. Clarenton Press, Oxford, 1954.

BLACK M., *Notes.* = M. BLACK, *Notes on the Longer and Shorter Texts of Acts*, in *On Language, Culture, and Religion :* In Honour of Eugene A. NIDA, ed M. BLACK and SMALLEY, Aproaches to Semiotics 56, The Hagues and Paris, 1974, pp. 119-131.

BLACK M., *The Holy Spirit.* = M. BLACK, *The Holy Spirit in the Western Text of Acts*, N.T.T.C. ed. EPP and FEE, Oxford, 1981, pp. 159-170.

BLASS F., *Acta Apostolorum.* = F. BLASS, *Acta Apostolorum sive Lucae ad Theophilum liber alter,* Editio Philologica, Göttingen, 1895.

BLASS F., *Die Textüberlieferung in der AG.* = F.BLASS, *Die Textüberlieferung in der AG,* ThStKr 67, 1894, p. 86-119

BOISMARD M.-É. et LAMOUILLE A., *L'Évangile de Jean, Commentaire.* = M.-É. BOISMARD et A. LAMOUILLE, *L'Évangile de Jean, Commentaire* , avec la collaboration de G. ROCHAIS, - Synopse des quatre évangiles en français tome III, Paris, 1977.

BOISMARD M.-É., *Le texte occidental, II.* = M.-É. BOISMARD et A. LAMOUILLE, *Texte Occidental des Actes des Apôtres, II, Apparat critique index des caractéristiques stylistiques, Index des citations patristiques,* Édition recherche sur les civilisations, Synthèse n 17, Paris, 1984.

BOISMARD M.-É., *Le texte occidental, I.*= M.-É. BOISMARD et A. LAMOUILLE, *Texte Occidental des Actes des Apôtres, I, Introduction et Textes,* Édition recherche sur les civilisations, Synthèse n 17, Paris, 1984.

BOISMARD M.-É., *Les Actes des deux Apôtres.* = M.-É. BOISMARD et A. LAMOUILLE, *Les Actes des deux Apôtres,* I, Introduction - Textes, II, Le sens des récits, III, Analyses littéraires, Gabalda, Paris, 1990.

BORNEMAN F.A., *Acta Apostolorum.* = F.A. BORNEMAN, *Acta Apostolorum ab Sancto Luca conscripta ad Codicis Cantabrigiensis fidem recensuit,* Gossenhaim et Londres, 1848.

CERFAUX L., *Citations scripturaires.,* = L. CERFAUX, *Citations scripturaires et tradition textuelle dans le Livre des Actes,* in *Aux sources de la tradition chrétienne*, Mélanges offerts à Monsieur Maurice GOGUEL, Bibliothèque Théologique, Neuchâtel et Paris, 1950, pp. 43-51.

CHASE F.H., *The Old Syriac Elemant.* = F.H. CHASE, *The Old Syriac Elemant in Codex Bezae*, Londres 1893.

CLARK A.C., *Acts.* = A.C. CLARK, *The Acts of Apostles*, Oxford, 1933.

CLARK A.C., *The Primitive Text.* = A.C. CLARK, *The Primitive Text of the Gospels and Acts*, Oxford, 1914.

CLARK A.C., *The Primitive Text. R.* = A.C. CLARK, *The Primitive Text of the Gospels and Acts, a Rejoinder*, J.Th.S., 1915.

CONYBEARE F. C., *Two Notes on Acts.* = F. C. CONYBEARE, *Two Notes on Acts*, ZNW 20, 1921.

COPPIETERS H., *De Historia Textus Actorum.* = H. COPPIETERS, *De Historia Textus Actorum Apostolorum Dissertatio*, Lovanii, 1902.

CORSSEN P., *Acta Apostolorum* = P. CORSSEN, *Acta Apostolorum*, ed. *F. BLASS*, G.G.A. 158, 1896, 425-448.

CREHAN J., *Peter* = J. CREHAN, *Peter according to the D-Text of Acts*, Th.St. 18, 1957, pp. 596-603.

DALMAN G. H, *The Words of Jesus.* = G. H. DALMAN, *The Words of Jesus*, Edinburg, *1902.*

DELEBECQUE E., *Les Actes.* : É. DELEBECQUE, *Les Actes des Apôtres*, Texte, Traduction et notes, Paris, Les Belles Lettres, 1982.

DELEBECQUE É., *Les deux Actes.* = É. DELEBECQUE, *Les deux Actes des Apôtres*, Études Bibliques N.S. n° 6, Gabalda, Paris, 1986.

DIBELLIUS M., *An Urgent Critical Task.* = M.DIBELLIUS, *The Text of Acts, An Urgent Critical Task*, Journal of Religion, XXI, pp. 421-431, 1941.

DUPONT J., *Études sur les Actes.* = J. DUPONT, *Études sur les Actes des Apotres*, Lectio Divina 45, Paris, 1967.

EPP J., *The Ignorance Motif.* = J. EPP, *The "Ignorance Motif" in Acts and Anti-Judaic Tendencies in Codex Bezae*, H.Th.R 55, 1962, pp. 51-62.

EPP J., *The Theological Tendency* = J. EPP, *The Theological Tendency of Codex Bezae Cantabrigiensis in Acts*, MSSNTS 3, Ca,bridge, 1966.

FASCHER E., *Textgeschichte.* = E. FASCHER, *Textgeschichte als hermeneutisches Problem*, HALLE, 1953 .

GREGORY C.R, *Einleitung.* = C.R GREGORY, *Einleitung in das Neu Testament*, Leipzig, 1909

HAENCHEN E., *Die Apostelgeschichte.* = E. HAENCHEN, *Die Apostelgeschichte,* Göttingen, 1956.

HAENCHEN E., *Schriftzitate.* = E. HAENCHEN, *Schriftzitate und Textüberlieferung in der Apostelgeschichte*, Z. Th. K. 51, 1957,pp. 22-55 .

HAENCHEN E., *The Original Text.* = E. HAENCHEN et P. WEIGANDT, *The Original Text of Acts*, N.T.S. 14, 1968, pp. 469-481.

HAENCHEN E., *Zum Text der Apostelgeschichte.* = E.HAENCHEN, *Zum Text der Apostelgeschichte*, Z.Th.K. 53, 1957, pp. 22-55.

HANSON R.P.C., *The Ideology.* = R.P.C. HANSON, *The Ideology of Codex Bezae in Acts*, N.T.S. 14, 1968, pp. 282-286.

HANSON R.P.C., *The Provenance.* = R.P.C. HANSON, *The Provenance of the Interpolator in the " Western" Text of Acts and of Acts itself,* N.T.S. 12, 1966, pp/211-230.

HARNACK A von, *Die Apostelgeschichte* = A von HARNACK, *Beiträge zur Einleitung in das Neue Testament*, III : *Die Apostelgeschichte*, Leipzig, 1908.

HARRIS R., *Codex Bezae.* = R. HARRIS, *Codex Bezae. A Study of the So-called Western Text of the New Testament*, Text ans Sttudies 2.1, Cambridge, 1891.

HARRIS R., *Four lectures.* = R. HARRIS, *Four Lectures on the Western Text of the New Testament*, London, 1874.

HAULOTTE É., *Formation du corpus.* = É. HAULOTTE, *Formation du Corpus du N.T., recherche d'un module génératif intratextuel*, in C.THEOBALD, "Le canon des écritures", Lectio Divina 140. Paris, Cerf, 1990.

KENYON Sir F., *Chester Beaty Papyri.*, Sir F. KENYON, *The Chester Beaty Papyri*, Londres 1933.

KENYON Sir F., *The Western Text.* = Sir F.KENYON, *The Western Text in the Gospels and Acts*, Proceedings of the British Academy 24, Londres, 1938.

KILPATRICK G.D., *An Eclectic Study.* = G.D. KILPATRICK, *An Eclectic Study of the Text of Acts.*, The principles and practices of New Testaments Textual Criticism, collected Essay of G.D. KILPATRICK, J.K. ELLIOT, LEUVEN 1990.

KILPATRICK G.D., *Western Text.* = G.D. KILPATRICK, *Western Text and Original Text in the Gospels and Acts.*, J.T.S., 44, 1943, pp. 24-36.

LACHMAN C., *Rechenschaft* = C. LACHMANN, *Rechenschaft über seine Ausgabe des Neuen Testaments. ,* Th. St. Kr., 1930, pp. 817-845.

LAGRANGE M.-J., *Critique textuelle II.* = M.-J. LAGRANGE, *Introduction au Nouveau Testament, 2ème partie, La critique textuelle, II, La critique rationnelle*, avec la colaboration du R.P Lyonnet S.J. Gabalda, Paris, 1933.

LAGRANGE M.-J., *Projet.* = M.-J. LAGRANGE, *Projet de critique textuelle rationnelle du N.T.*, R.B., 1933, pp. 481-498.

LAKE KIRSOPP, *Acts.* = KIRSOPP LAKE, *English translation and commentary, The beeginnings of Christianianity*, Part I, The Acts of the Apostles, edited by F. J. FOAKES JACKSON and KIRSOPP

LAKE, Vol. IV, Macmillan and CO., Mimited, St. Martin's Street, London, 1933.

LECLERC J., (Clericus) *Défense des sentiments de quelques théologiens.* = J. LECLERC, *Défense des sentiments de quelques théologiens d'Hollande sur l'histoire critique du Vieux Testament contre la réponse du Prieur de Bolleville*, Amsterdam, 1686.

MARTINI C.M., *La tradition textuelle.* = C.M. MARTINI, *La tradition textuelle des Actes des Apôtres et les tendances de l'Église Ancienne.*, in Les Actes des Apôtres, Traditions, rédactions, théologie, ed. J. KREMER, Louvain, 1979.

MENOUD P.H., *The Western Text.* = P.H. MENOUD, *The Westen Text and the Theology of Acts*, Studiorum Novi Testamenti Societas, Bulletin 2, 1951, pp. 19-32.

METZGER B., *The Text of New Testament.* = B. M. METZGER, *The Text of the New Testament, Its Transmission, Corruption, and Restoration.*, Oxford, 1964.

MOULE C.F.D., *H.W. MOULE on Acts iv, 25.* = C.F.D. MOULE, H.W. *MOULE on Acts iv, 25*, ET 66, 1954.

NEIRYNCK F., *Jean et les Synoptiques.* = F. NEIRYNCK, *Jean et les synoptiques, Examen critique de l'éxégèse de M.-É. BOISMARD* avec la collaboration de J. DELOBEL, T. SNOY, G. VAN BELLE, F. VAN SEGBROECK, Bibliotheca Ephemeridum Theologicarum Lovaniensium, XLIX, Leuven 1979.

NEIRYNCK F., *Le texte des Actes des Apôtres.* = F. NEIRYNCK - F. VAN SEGBROECK, *Le texte des Actes des Apôtres et les caractéristiques stylistiques lucaniennes.*, E. Th. Lov., LXI, Louvain, 1985.

NESTLE E., *Introduction to theTextual Criticism.* = E. NESTLE, *Introduction to theTextual Criticism of the Greek Testament*, Londres, 1901.

NESTLE E., *Some Observations.* = E. NESTLE, *Somme Observations in the Codex Bezae*, Expos, Ser. V, vol. 2, 1895, pp. 235-240.

POTT A., *Der abendländische.* = A. POTT, *Der abendländiche Text der Apostelgeschichte und die Wir-Kelle,* Leipzig, 1900.

QUENTIN Dom Henri, *Essais...* = Dom Henri QUENTIN, *Essais de critique textuelle.*, Paris, 1926.

QUENTIN Dom Henri, *Mémoire...* = Dom Henri QUENTIN, *Mémoire sur l'établissement du texte de la Vulgate,* Rome et Paris, 1922.

RAMSAY W. M., *St Paul.* = W.M. RAMSAY, *St Paul the Traveller and the Roman Citizen,*

RESCH G., *Ausserkanonische Paralleltexte.* = G. RESCH, *Ausserkanonische Paralleltexte.*, Leipzig, 1892.

ROPES J.H., *Acts of the Apostles* = ROPES James Hardy, *The Text of Acts, The beginnings of Christianianity, Part I, The Acts of the Apostles,* edited by F. J. FOAKES JACKSON and KIRSOPP LAKE, Vol. III, Macmillan and CO., Mimited, St. Martin's Street, London, 1926.

SCRIVENER F.H., *Bezae Codex.*= F. H. SCRIVENER, *Bezae Codex Cantabrigiensis, Being an Exact Copy in Ordinary Type*, Cambride, 1864.

SCRIVENER F.H., *Transcription.* = F.H. SCRIVENER, *An Exact Transcription of the Codex Augiensis... to which is added a Full Collation of Fifty Manuscripts*, Cambrige, 1859.

SPARKS H.F.D., *Some Observations.* = H.F.D. SPARKS, *Somme Observations on the Semitic Background of the New Testament*, S.N.T.S. Bulletin, ii 1951, pp. 33-42.

SPARKS H.F.D., *The Semitisms of Acts.* = H.F.D. SPARKS, *The Semitisms of Acts*, J.T.S., (N.S.), i 1950, pp. 16-28.

SPARKS H.F.D., *The Semitisms of St Luke.* = H.F.D. SPARKS, *The Semitisms of St Luke's Gospel,* J.T.S., XLIV, 1943, pp. 129-138

STRANGE W.A., *The text of Acts.* = W.A. STRANGE, *The problem of the text of Acts.*, Society for New Testament Studies, Series 71, Cambridge, 1992.

STREETER B.H., *The Primitive Text.* = B.H. STREETER, *The Primitive Text of Acts,* J.T.S, 34, 1933.

STUEHRENBERG P.F., *The Study of Acts.* = P.F. STUEHRENBERG, *The Study of Acts before the Reformation. A Bibliographic Introduction,* NT,29, 1987.

THEOBALD, C., *Le canon des écritures* = C.THEOBALD, *Le canon des écritures,* Lectio Divina 140. Paris, Cerf, 1990.

THIELE W., *Ausgewählte Beispiele.* = W. THIELE, *Ausgewählte Beispiele zur Charakterisierung des "weslichen" Textes der Apostelgeschichte,* Z.N.W. 56, 1965, 51-63.

TORREY C.C., *Documents of the Primitive Church.* = C.C. TORREY, *Documents of the primitive Church,* New York et Londres, 1941.

TORREY C.C., *Facts and Fancy.* = C.C. TORRY, *Facts and Fancy in Theories concerning Acts,* American Journal of Theology, XXIII, 1919, pp. 61-86, 189-212.

TORREY C.C., *The Composition and Date of Acts.* = C.C. TORREY, *The Composition and Date of Acts,* Harvard Theological Studies, I, Cambridge Mass., 1916.

TORREY C.C., *The Translation.* = C.C. TORREY, *The Translation made from the Original Aramaic Gospel's,* in TOY C.H., *Studies,* pp., 269, 317, 1912.

TOY C.H., *Studies.* = C.H. TOY, *Studies in the History of Religions,* Presented in C.H. TOY, 1912.

TURNER C.H., *Chronology.* = C.H. TURNER, *Chronology of New Testament,* in J. HASTINGS, Dictionary of the Bible, I, 1900, pp. 403-425.

TURNER C.H., *Historical Introduction.* = *Historical Introduction to the Textual Criticism of the New Testament,* J.T.S, 10, 1908-1909, pp. 13-28, 161-182, 354-374 et J.T.S, 11, 1909-1910, pp. 1-27, 180-210.

VAGANAY L., *La critique textuelle.* = L. VAGANAY, *Initiation à la critique textuelle néotestamentaire.,* Bloud et Gay, Paris, 1934.

WEISS B, *Codex D.* = B. WEISS, *Der Codex D in der Apostelgeschichte*. Textkritische Untersuchung, TU 17 - 1, Leipzig, 1897.

WESCOTT B.F. et F.J.A. HORT, *The New Testament.* = B.F. WESCOTT et F.J.A. HORT, *The New Testament in the Original Greek,* II, Londre, 2ème ed., 1896.

WESINCK J., *The Semitisms.* = J. WESINCK, *The Semitisms. of Codex Bezae and their Relation to the Non-Western Text of the Gospel of Saint Luke,* B.Bez.C., 12, 1937.

WHITE J., *Actuum Apostolorum* = J. WHITE, *Actuum Apostolorum et epistolarum tam catholicarum quam paulinarum versio syriaca philoxeniana, Tome I, Actus Apostolorum et epistolas catholicas complectens,* Oxford, 1799.

WILCOX M., *Luke and the Bezan Text.* = M. WILCOX, *Luke and the Bezan Text of Acts* in Les Actes des Apôtres, Traditions, rédactions, théologie, ed. J. KREMER, Louvain, 1979.

WILCOX M.: *The Semitisms.* : M. WILCOX : *The Semitisms of Acts,* Oxford, 1965.

WILLIAMS C.S.C., *Alterations.* = C.S.C WILLIAMS, *Alterations to the Text of the Synoptic Gospels and Acts,* Oxford, 1951.

WILSON J.M., *The Acts of the Apostles.* = J. M. WILSON, *The Acts of the Apostles Translated from the Codex Bezae,* Londres, 1923.

ZAHN T., *Die Apostelgeschichte.* = T. ZAHN, *Die Apostelgeschichte des Lucas,* 2 vol., Leipzig, 1919, 1921.

ZAHN T., *Introduction to the New Testament.* = T. ZAHN, *Introduction to the New Testament,* Traduction anglaise de la troisième. édit. allemande., Edinburgh, 1909.

ZUNTZ G., *On the Western Text.* = G. ZUNTZ, *On the Western Text of the Acts of Apostles,* Opuscula Selecta, p. 189-215, Cambridge, 1972.

TABLE DES MATIÈRES

F-87350 PANAZOL

N° Imprimeur : 9046073-99

Dépôt légal : Mai 1999